KB015950

MZ세대 능력자는 뭐가 다를까?

MZ세대 능력자는 뭐가 다를까?

초판 1쇄 인쇄 2023년 05월 23일
초판 1쇄 발행 2023년 05월 30일

글 고도 도키오 **옮김** 오세웅

펴낸이 이상순 **주간** 서인찬 **영업지원** 권은희 **제작이사** 이상광

펴낸곳 (주)도서출판 아름다운사람들
주소 (10881) 경기도 파주시 회동길 103
대표전화 (031) 8074-0082 **팩스** (031) 955-1083
이메일 books777@naver.com **홈페이지** www.book114.kr

ISBN 978-89-6513-785-6 03190

이 도서의 국립중앙도서관 출판예정도서목록(CIP)은
서지정보유통지원시스템(http://seoji.nl.go.kr)과 국가자료종합목록구축시스템(http://kolis-net.nl.go.kr)
에서이용하실 수 있습니다. (CIP제어번호 : CIP2020015868)

파본은 구입하신 서점에서 교환해 드립니다.

MZ세대 능력자는 뭐가 다를까?

고도 도키오 지음 **오세웅** 옮김

아름다운사람들

차 례

MZ세대, 쓸데없이 힘쓰지 않는 비즈니스 습관 · 057

3 PART

MZ세대, 굳이 연연하지 않는 생각 습관 · 103

MZ세대, 무작정 따라가지 않는 셀프 브랜딩 · 133

5 PART

MZ세대, 자신만의 방식을 찾아가는 인생전략

시작하며

'느슨한 방식'으로 성공을 이뤄낸 사람들의 시대

지금, 많은 사람은 사회가 심각히 폐쇄화되고 있다고 느낀다. 단적으로 말해 미래의 희망이 없기 때문이다. 수입이 올라도 스트레스는 오히려 늘고, 삶 자체가 좋아질 수 있다는 예상을 전혀 할 수 없다. 이럴 때, 우리는 성공한 사람의 말에 귀를 기울이게 된다.

하지만 냉정히 생각해보자.

가령, 예전에는 일일이 다이얼을 돌리는 방식의 검은 색 전화기가 주류였다. 음악을 녹음하려면 카세트테이프와 레코더가 필요했다. 사진은 은염(Silver halide)필름을 현상했다. 지금은 그 모두가 컴퓨터 한 대면 쉽게 해결된다. 이는 빙산의 일각일 뿐이다. 아주 싼 가격의 항공권이 보급되면서 부담 없이 해외여행을 즐길 수도 있다. 환경이 변하면 성공의 법칙도 변화할 수 있다는 게 상식적인 판단이다.

실제로 지금 우리가 사는 시대는 무턱대고 노력하거나 열정이나 끈기만으로 원하는 결과를 기대하기 어려워지고 있다.

예전에는 잠재적 고객에게 달려가 적극적인 영업을 하거나 부지런히 전화기를 돌리면 어쨌든 계약을 성사시킬 기회가 많았다. 광고나 영업용 우편물을 보내면 나름대로의 반응도 있었다. 이 모두가 지금은 '비상식적'인 행위로서 오히려 상대에게 폐를 끼칠 수도 있고, 우편물을 보내면 '개인정보 누설'이라며 즉시 항의가 뒤따른다. 수십 년 전만해도 남보다 덜 자고 남보다 덜 쉬면서 노력하면 성공할 확률이 높았다. 이제는 인공지능이나 로봇 혹은 보다 임금이 싼 외국인 노동자가 대신해주고 있다.

즉, 예전에 성공한 시대와 지금의 시대는 규칙이 달라졌다.

어떻게 규칙이 달라졌을까?

지금의 시대에 원하는 결과를 내는 사람은 합리적으로 생각하고 전략적으로 행동한다. 가령, 프로 스포츠 선수도 무턱대고 연습만하기 보다는 데이터나 과학적 근거(운동생리학, 스포츠 심리학 등)를 토대로 합리성을 추구하는 선수가 좋은 기록을 내고 있다. 연습시간이 많다고 승패나 기록 갱신으로 직결되지 않는다.

경제활동 분야도 마찬가지다. 마케팅에도 행동경제학, 빅데이터의 활용이 꽤 중요해졌다. 텔레비전을 시청하는 사람도 줄어들고 있다. 텔레비전에 광고를 내기만 하면 팔리는 시대가 아닌 것이다.

'죽기 살기로 일하면 성공한다.'는 법칙은 이미 통하지 않는다.

그렇다면 우리가 지금까지 귀에 못이 박히도록 들어온 성공 방식에 제동을 걸 때가 된 게 아닐까.

가령 예전에 성공한 부자들은 이렇게 말했다.

- 죽을 각오로 일해라, 그래도 죽지는 않는다.
- 정신상태가 글러먹었어, 끈기가 부족해!
- 포기하지마, 포기하면 그것으로 시합이 끝난다.

물론 일부는 그렇게도 성공하겠지만, 본디 강인한 정신력과 끈기를 가진 사람들에 한정된 게 아닐까. 평범한 사람들이 있는 그대로 받아들인다면 우울증 혹은 과로사로 이어질 수도 있다.

'느슨한 방식'으로 성공을 이뤄낸 사람들의 시대

개인의 일하는 방식, 돈 버는 방식이 바뀌고 있다.

실제로 내 주변에서도 '느슨한 방식'으로 일하면서도 압도적인 성공을 거둔 20대, 30대층의 젊은 능력자가 늘어나는 추세다.

그들에게는 다음과 같은 특징이 있다.

- 죽기살기로 애쓰지 않는다.
- 인내심이 별로 없다.

- 하고 싶은 일만 한다.
- 최우선으로 챙기는 것은 자유로움.
- 인맥 형성에 무관심.

예전의 부자들이 강조한 내용과는 많이 다르다는 것을 알 수 있다.

대부분의 구세대 부자는 휴일, 수면시간을 아껴서 경쟁사에 이기려고 죽기살기로 애써서 사업 규모를 확장하면서 성공했다. 하지만 지금의 신세대 부자는 사업을 확장시키는 대신 혼자 혹은 소수 인원으로 팀을 꾸리는 것을 선호한다. 오랜 시간 일하지 않고 단시간에 고밀도로 집중한다. 평소에는 집에서 단 한발자국도 바깥에 나가지 않는 사람조차 있다. 그래도 여하튼 연수입 10억 이상을 벌어들인다.

나 또한 1980년대 초반에 죽기살기로 노력하면 보상받는 시대에 사회에 진출했다. 월급쟁이 생활을 할 때도 그 방식만이 성공할 것이라고 믿었다. 그러니 다른 사람들에게도 똑같은 성공의 법칙을 주장했다. 하지만 2015년쯤부터는 나와는 가치관이 많이 다른 부자들과 만날 기회가 늘었다.

앞서 말한 '느슨한 방식으로 성공을 이뤄낸 사람들'이었다.

나 자신도 그들처럼 일하는 방식, 돈 버는 방식이 달라졌다. 그때까지 나는 부동산투자 이외에도 몇 가지 사업을 운영하는 회사의 대표로서 도심지에 사무실을 얻어 수십 명의 사원을 두고 나 자신도 매일 출근했다. 하지만 지금은 사무실도 얻지 않고 사원도 고용하지 않는 대신 인터넷에 연결된 컴퓨터 한 대로 일하고 있다. 그럼에도 예전의 방식으로 회사를 경영하던 시절보다 훨씬 더 돈을 많이 벌고 있다. 게다가 일하는 시간도 갈수록 짧아지고 출퇴근의 개념도 사라졌다. 언제 어디서 무엇을 하던 자유롭다. 대놓고 말하자면 거의 매일 빈둥거리는 삶이다.(실제로는 여러 활동을 하기에 무턱대고 놀지는 않지만)

구세대와 MZ세대, 두 타입의 성공법 '차이'는?

나 자신의 경험에 더해 신세대 능력자와 폭넓게 교류하면서 새로운 일의 방식, 돈 버는 방식에 대한 그들의 공통점을 알 수 있었다.

- 열심히 일한다는 감각조차 없을 만큼 본인이 재밌어 하는 일을 한다.
- 합리성을 존중하고, 만사에 일일이 구애받지 않는다.
- 인터넷을 활용해 시스템을 구축한다.

'당연한 일이 아니냐'라고 반론할 수도 있겠다. 하지만 당연한 것일수록 일상의 사소한 상황에서 생각이나 행동으로 나타난다. 그래서 지금부터는 2,000년도 이전에 성공한 부자들을 '구세대', 그 후로 성공한 부자들을 'MZ세대'로 구분해서 각각의 생각과 행동 유형 및 습관의 차이점을 알아보겠다. 물론 구세대 신세대를 막론하고 불변의 성공 법칙도 있을 것이다. 그 분야는 기존의 성공 계발서에 맡기고 본서에서는 'MZ세대 성공철학'에 초점을 맞출 것이다.

자유와 돈과 자기실현을 모두 얻게 되는, 미래의 일하는 방식, 돈 버는 방식이란 과연 무엇일까. 그러려면 우리는 MZ세대 능력자에게 무엇을 배워야 좋을까.

본서에서는 독자들이 알기 쉽도록 구세대와 MZ세대 능력자를 대립시키면서 그 차이점을 극명하게 드러내는 방식을 취했다. 극단적으로 느낄 수도 있겠지만 어디까지나 구성상의 표현임을 양해해주었으면 좋겠다. 또한 어떤 세대라도 예외가 분명히 있기에 부분적인 내용을 거론하면서 '이건 아니지 않느냐'라며 싸잡아 전체를 비판하는 것은 무의미하다는 점도 밝혀둔다. 본서의 목적은 인공지능이나 로봇이 노동시장을 석권할 것으로 예상되는 미래에 관해 평범한 사람이라도 성공할 수 있는 방식을 추출하려는데 있다. 읽다보면 '비상식적' '그런 방식으로 성공할 리가 없다'라고 느끼는 부분도 반드시 있을 것이다. 하지만 반대로 성공의 힌트가 얼마든지 될 수 있다.

'나도 할 수 있겠다' '성공의 방식이 마음에 든다'라고 느낀다면 어쨌든 미래는 조금이라도 밝아질 테고 도전해볼 가치가 있는 인생이 아니겠는가.

_ 고도 도키오

1
PART

MZ세대, 굳이 애쓰지 않는 행동 습관

Chapter 1

MZ세대,
페라리를 모는 진짜 이유는?

'MZ세대 능력자는 페라리를 몰고 다닌다.'

이런 말을 들어도 지금 시대에는 별로 특별하지도 않다. 하지만 부의 상징이라고도 말할 수 있는 고급 스포츠카야말로 구세대와 MZ세대 부자의 사고방식 차이를 전형적으로 나타내주는 사례라면 다소 흥미가 당길 수도 있다.

구세대는 욕망을 전방위적으로 발산한다. 성공한 자신에 대한 선물 혹은 자기과시용으로 페라리를 몬다. 자신의 카리스마를 페라리로 표현함으로써 부하사원들로부터 존경을 받고 꿈을 심어주는 도구로서 이용하려는 측면도 있다. 그들은 페라리를 투자 대상으로 간주하지 않고 대부분 과시용으로 구입한다.

'페라리를 모는 것' 자체에 가치가 있고, '페라리를 소유한 나'라는 사실이 중요한 것이다.

구세대가 활약한 예전의 사회는 이처럼 '꿈의 상징'이 헝그리 정신을 불태우는 후배들에게 충분한 목표가 되었다. 누가 봐도 알기 쉬운 아이콘으로서 중요한 의미를 띠었다.

한편 MZ세대 능력자의 대부분은 도심지에 살고 있는 데다 실제로 차를 소유하지 않는 경우도 많지만 차를 좋아하는 사람도 어느 정도는 존재한다. MZ세대 능력자는 페라리를 몰고 다녀도 발상 자체가 다르다. 애초부터 과시하려고 고급 스포츠카를 몰고 다니지 않는다.

왜 하필이면 페라리를 선택할까. 희소성 때문이다.

생산량이 워낙 적기 때문에 가치가 있다.

이 같은 시점에서 선택하기에 실제로는 페라리를 공짜로 몰고 다닌다.

'구입한 가격으로 되파는' 것이 페라리를 타는 이유이다.

지인인 사업가에게 직접 들은 이야기인데, 그는 페라리를 거의 공짜로 몰고 다닌다고 한다. 중고차 시세는 연식과 주행거리에 따라 정해진다. 중고차 시세는 5년이면 대개 반값으로 뚝 떨어진다. 하지만 고급 스포츠카인 페라리는 생산대수가 워낙 적어서 각 나라에 할당되는 판매수량도 적다. 상태가 좋은 중고차라도 좀체 중고시장에 매물로 나오지 않으니 거의 가격이 떨어지지 않는다고 한다.

가령, 3억원으로 페라리를 구매해서 3년간 몰고 다녀도 살 때의 가격과 별 차이 없이 팔 수 있다. 정식 딜러의 말에 따르면 3년 후의 중고 가치가 75%라고 한다. 그렇다면 '3년이 지나도 신차 가격의 75% 이상으로 팔 수 있다'는 말이 된다. 덧붙이자면 딜러가 말한 중고 가치는 회사의 방침에 맞춰 최소한 보장되는 매입가격이라서 다른 업자가 그 이상의 가격으로 얼마든지 매입해줄 수 있다는 말이 된다. 즉, 페라리를 몰면서 드라이브를 즐긴 3년간은 공짜로 타는 셈이다.

MZ세대 능력자는 어떤 것을 살 때 '되파는 가치'에 주목한다.

페라리뿐 아니라 람보르기니, 맥라렌 같은 고급 스포츠카는 구입할 때의 가격이 비싸지만 되파는 가치도 높다. 그들은 그 점에 주목해서 가격이 너무 떨어지지 않는 한도에서

되판다. 실질적으로는 아주 저렴하게 스포츠카를 모는 것이다. 이 같은 발상은 보통 사람에게도 충분히 참고가 된다. 고급 스포츠카뿐 아니라 시간이 흐를수록 오히려 가치가 올라가는 것이 적지 않기 때문이다.

그림이나 도자기처럼 희소성이 높은 예술품, 고급손목시계, 카메라, 럭셔리 브랜드 가방 같은 개인 취향이 뚜렷한 상품 혹은 엔틱 가구 등 주위를 둘러보면 의외로 많이 발견할 수 있다. 예전에는 빈티지 청바지, 농구화가 화제가 된 적도 있었고 알다시피 지금의 어린이들 세계에서는 트레이딩 카드가 비싼 가격에 거래되고 있다. 이러한 측면이 취미와도 연결되기에 호불호가 엇갈리겠지만 합리적으로 돈을 쓰는 방식은 단순히 '비싸서 가치가 있다'는 발상이 아닌 입구에서부터 출구까지의 전반적인 상황을 고려해보는 것이라고 말할 수 있다.

현명하게 돈을 늘리고 싶으면 '기분'이 아닌 '가치'로 생각한다.

Chapter 2

MZ세대,
시간개념이 다르다.

대부분의 부자는 창업주거나 회사의 경영자다. 특히 MZ세대 능력자의 특징은 자신의 회사 근처에서 산다는 점이다. 혹은 자택에 사무실을 두거나 사무실이 있는 오피스 건물에 거주하는 경우도 있다. 지인 중에 대학을 갓 졸업한 사람들의 취직 지원 비즈니스를 운영하는 30대의 창업자가 있다. 25살에 창업해서 몇 년 만에 종업원 100명을 둔 솜씨 좋은 경영자다. 사업 확장을 위해 몇 번이고 사무실을 이전했지만 그 때마다 그는 자신의 거주지도 함께 옮기곤 한다.

'걸어서 출퇴근 가능한 장소'로 이사한다고 한다.

선국에서 찾아오는 사람들을 위해 사무실은 도쿄에 있다.

거기서 걸어서 출퇴근 가능한 지역이라면 월세 부담도 적지 않다. 하지만 그는 '일에 집중하는데 출퇴근 소요시간이 길면 시간 낭비일 뿐'이라고 일축한다. 단지 그가 창업을 했거나, 돈이 있어서가 아니다. 주위에도 취직이나 전직에 맞춰 회사 근처로 이사했다(전철 한 번만 타면 도착할 장소)는 사람이 적지 않다. 그들의 행동은 '합리적'인 사고방식에 기반을 두고 있는 것이다.

'직장과 거주지가 가까워야' 인생의 최댓값을 이끌어낸다.

출퇴근 시간이 길면 시간의 손실을 불러일으키게 마련이다. 이동하면서 독서하거나 뉴스 앱 등을 보면서 공부하거나 정보 수집을 할 수 있다는 측면도 있지만 혼잡한 전철 속에서 이리저리 흔들리면 피곤해지지 않을 수가 없다. 출퇴근 시간이 길면 아침 일찍 일어나야 하고, 귀가시간도 늦어진다. 그만큼 몸과 머리를 쉴 시간이 줄어든다. 당연히 개인적인 시간도 줄어든다. 자가용 출근도 상황은 마찬가지다.

하지만 출퇴근 거리가 도보나 자전거로 가능하다면 피로감이 적고 그만큼의 여유가 생긴다. 일을 더할 시간도 늘고 취미나 부업을 고려해볼 여유 시간도 생긴다. 늦은 시간이라도 마지막 전철 시간에 조급해하지 않고 동료와 술 한 잔도 걸칠 수 있다. 전날에 늦게까지 일을 했어도 아침에 조금 더 잘 수 있기에 수면시간도 확보할 수 있다.

앞서 언급한 '페라리'와 마찬가지로 되파는 가격이 높은 도심지의 비싼 오피스텔에 살아도 자신의 라이프스타일에 맞춰 치고 빠지는 '주거지 전략'이라고 볼 수 있다.

한편, 구세대는 자가 주택을 선호한다. 교외에 커다란 집을 소유한 사람이 많다. 그래서 대부분은 일반 회사원처럼 출퇴근한다. 교통수단은 주로 자가용을 이용하고 전철은 타지 않아서 피로감은 적지만 교통체증에 걸리거나 생각보다 시간이 많이 걸리면 심리적 스트레스도 당연히 생길 것이다.

구세대는 거품 경제 시기에 창업을 했고 제대로 돈을 벌어 자택을 마련한 사람들이다. 이미 풍요로움을 손에 넣은 그들이기에 시간의 손실 따위는 신경쓰지 않을지도 모른다. 그러니 성공한 후에 그들처럼 교외에 대저택을 짓는 것도 당연히 있을 수 있다. 하지만 그들의 시대와는 다른 지금을 사는 우리로서는 MZ세대 능력자의 행동이 오히려 참고가 될 수 있다.

돈을 많이 벌고 싶다면 '주거지 환경'에 투자하라.

개인의 인생에서 출퇴근에 소요되는 시간을 대략 계산해 보면 어떨까.

출근 시간이 평균 1시간이라면 하루에 왕복 2시간. 한 달에 20일 출근한다면 연간으로 따져서 480시간. 만일 20년이라면 9,600시간이 되고 날짜로 따지면 1년 이상이다. 30년을 다니면 1년 6개월 이상이 된다. 그래서인지 월급쟁이라도 고소득을 올리는 사람은 도심지에 사는 경우가 많다.

'거기에 살만한 능력이 되니까'라고 반론하는 사람도 있겠다. 하지만 반대로 '우선순위를 어디에 두느냐'의 판단력을 발휘했기에 고소득 월급쟁이가 되었다고 생각할 수도 있지 않을까. MZ세대 능력자는 먼 출퇴근을 감수하면서 악착같이 돈 버는 길을 택하지 않고 다소 무리해도 회사 근처에 살면서 여유로운 방식을 선호한다. 이를테면 하나의 '투자'라고 말할 수 있다.

목적달성에 필요한 것이 시간이냐 돈이냐, 냉정히 생각한다.

Chapter 3

MZ세대,
전화 받는 것을 좋아하지 않는다.

휴대폰이 보급된 지 어언 30년이 지나면서 사람들은 이제는 한시라도 스마트폰을 손에서 떼지 못한다. 구세대와 MZ세대는 습관적인 측면에서 약간 다른 점이 있다. MZ세대 능력자는 전화가 와도 거의 받지 않는다. 요즈음 젊은 세대 중에도 전화를 걸고 받는데 익숙하지 않는 사람들이 늘고 있다지만 MZ세대 능력자는 꼭 그런 이유 때문만이 아니다. 자신의 시간을 타인에게 방해받고 싶지 않아서다.

MZ세대 능력자가 된 이유는 고객에게 창조적 발상과 독자적인 가치를 제공하기 때문이다.

그러려면 고독한 시간 속에서 자신만의 생각을 깊게 파고 들어가지 않으면 안 된다. 가령, 작가나 만화가가 외진 곳에 틀어박혀 창작활동을 하거나 아티스트가 스튜디오에 파묻혀 곡을 만들거나 레코딩을 하는 상황을 떠올려보면 쉽게 이미지가 떠오를 것이다. '경영자는 고독하다'라는 말을 들어봤을 것이다. 흔히 생각하듯 혼자 결단해서 책임을 기꺼이 감수하는 존재라는 의미가 아니다. 비즈니스 모델의 구축은 고도로 추상적인 사고방식이라서 혼자서 사색할 시간이 절대적으로 필요하다. 누구나 경험해봤듯이 전화를 받게 되면 일이나 생각이 일단 중단된다. 걸려온 전화의 내용에 따라서는 오히려 그쪽으로 더 신경 쓰이기도 한다.

특히 창의적인 활동에 집중할 때는 부정적인 영향을 끼칠 수가 많다. 그래서 전화가 걸려 와도 그들은 기본적으로 받질 않는다. 물론 긴급한 경우는 예외다. 아니면 한가한 때거나.

지인 중에 온라인 학습 시스템 회사를 창업한 기업가가 있다. 그는 기본적으로 연락은 LINE(일본에서 주류를 차지하는 모바일 메신저 앱-옮긴이)을 통하고 휴대폰에 전화가 걸려와도 거의 받지 않는다고 한다. '나만의 시간을 전화로 인해 방해받는 게 싫어서'라는 게 그 이유다.

'정말 중요한 용건이라면 상대는 반드시 음성이나 메시지를 남길 것'이라고 단언한다.

음성 메시지를 텍스트로 변환하는 앱을 사용하면 전화를 받지 않아도 내용을 확인할 수 있다. 홀로 사색하기를 방해받지 않을 수 있고 금세 답장을 해야 할지, 나중에 천천히 해도 될지를 판단할 수 있다. 또한 그 내용이 사업적인 교섭에 관한 것이라면 더욱 '나중에 천천히 답변' 하는 것이 기본이라고 그는 말한다.

"전화를 받으면 심사숙고할 시간이나 여유가 생기지 않는다. 분위기에 휩쓸리면 내 자신이 불리한 조건임에도 엉겁결에 상대의 제안에 말려들어갈 우려도 있다. 비교적 간단한 판단이라면 상관없지만 냉정히 생각해볼 여유를 갖기 위해서라도 나중에 천천히 답변하는 게 낫다."라고 한다.

한편, 구세대는 전화 통화를 많이 한다. 뭐든지 전화로 이야기를 끝맺으려고 한다. 전화가 걸려오면 자신의 업무를 중단해도, 다른 사람과 미팅 중이라도 일단 전화를 받고 보는 경향이 있다.

나로서는 구세대, MZ세대를 막론하고 개인적인 관계를 갖고 있는데, 특히 부동산이나 건축업 등의 업계에서는 세대

차가 확연히 구별된다. 구세대는 사소한 일이나 나중에 해도 될 일을 굳이 전화로 한다. 그들의 입장에서는 스마트폰에 일일이 문자를 입력하는 것보다 훨씬 편하기 때문이다. 그들에게 전화를 걸면 반드시 연결되기에 이쪽에서도 급할 때 도움이 될 일이 많긴 하지만….

지금 주어진 시간을 어디에 먼저 사용할지를 늘 우선순위로 생각한다.

세대에 관계없이 성공한 사람은 반응이 빠르다. 하지만 MZ세대 능력자라고 모두 '즉각 답장'을 하지는 않는다. 즉각 답장을 해야 할 것과 심사숙고 후에 답장을 보내야 할 것을 잘 판단한다. 가령, 사과를 하거나 혹은 부탁을 하거나 교섭하는 가운데 이해관계가 상반하는 내용에 즉각 답장을 하면 오히려 클레임을 받거나 오해로 치닫기 쉽다. 상식적으로 생각했을 때도 그런 내용은 시간을 들여 정중한 문구를 선택해서 쓴다. 한편, 확인만 필요로 하는 간단한 내용이나 회사 내부의 일반 안건이라면 '그대로 진행할 것' '해당부서에 재확인' 등 문구에 신경쓰지 않고 즉각 답장할 수 있다. 다만 이 또한 여유가 있을 때라야 한다.

'내가 지금 집중하는' 타이밍에서 긴급하지 않는 것까지 즉각 답장을 할 필요는 없을 것이다.

전화나 메일은 어디까지나 하나의 예로서 모든 사람에게 그게 옳다고 주장할 수는 없다. 중요한 것은 '지금의 시간을 무엇에 써야 가장 효율적일까'라는 우선순위의 판단이다. 그것이 '전화를 받느냐, 안 받느냐'라는 작은 행동으로 나타난다.

자신만의 최고의 효율성을 위해 지금, 전력을 다해 집중한다.

MZ세대,
물건을 휴대하고 다니지 않는다.

예전에는 '돈 많이 버는 사람은 장지갑을 갖고 다닌다.'라는 말이 화제가 된 적이 있다. 하지만 구세대 능력자만 해당하는 사항이다. 그들의 감각을 이해하기 쉽게 표현하자면 예전의 부자들이 옆구리에 끼고 다녔던 '루이비통의 세컨드 백' 정도라고 보면 될 것 같다. 거품 경제 시대를 아는 사람이라면 대충 이미지가 떠오를 것이다. 장지갑에는 현금이 꽤 많이 들어간다. 그들은 현금이 두툼하게 든 장지갑을 들고 협상이나 교섭에 임하곤 했다. 한편, MZ세대 능력자는 지갑 그 자체를 아예 들고 다니지 않는 경향이 있다. 이는 그들의 합리적 사고방식과 밀접한 관계가 있다.

'물건을 지니고 다니지 않는다.' '간소한 라이프스타일 유지'와 일맥상통하는데, 극단적으로 말하자면 스마트폰 하나만 가지고 다닌다. 신용카드 대신에 가상 화폐나 QR코드 결제라면 스마트폰으로 충분하다.

지금은 물리적으로 현금을 갖고 다닐 필요가 없다. 카드 결제를 하면 포인트도 쌓이고 ATM 기기 앞에서 줄서서 기다리지 않아도 된다. 그들은 이렇게 말한다.

"지금 세상은 어딜 가나 카드가 통한다."

"혹여 카드를 사용할 수 없는 곳이라면 아예 선택지에 들어가지도 않는다."

내 주위에도 지갑 없이 스마트폰 하나만으로 생활하는 사업가가 늘어나는 추세다. '외출할 때 빈손이 기본'이 되고 있다. 스마트폰만 있으면 이메일, SNS가 언제든지 가능하기에 늘 상대와 소통할 수 있다. eBook도 읽을 수 있고 음악도 들을 수 있다. 피곤할 때 기분전환이 되는 것이다. 정보수집, 주식동향, 환율 시세도 파악할 수 있기에 모든 생활의 구석구석마다 스마트폰 하나로 완결된다.

스마트폰은 '물건을 갖고 다니지 않고' 생활하는 그들에게는 만능 툴이다.

자신감은 휴대한 물건에 고스란히 반영된다.

그들이 '물건을 갖고 다니지 않는' 것에는 또 다른 이유가 있다.

예전에 경영자끼리의 술좌석에서 '큰 가방을 들고 다니는 사람은 돈을 벌지 못한다.'는 징크스가 화제가 된 적이 있다.(카탈로그, 샘플 등을 갖고 다닐 필요가 있는 직업은 예외)

왜냐하면 '자신감이 없다'는 걸 나타내기 때문이라고 했다. 미팅이나 협상에서 말할 내용이 깨끗이 정리되어 있지 않거나 상대의 질문에 대한 사전 준비가 부족하다. 그리고 완벽주의를 지향하기에 이것저것 다 준비하지 않으면 불안한 것이다. 반대로 '오늘은 이 업무를 완수하겠다.' '오늘 고객과 그 이야기를 마무리 짓겠다.'라는 중심축이 명확해서 그에 필요한 정보, 지식을 사전에 갖춰놓으면 들고 다닐 물건이 많을 필요가 없고 따라서 가방도 얇다는 것이다.

사업하는 사람에 국한된 사례는 아니다. 입시학원을 운영하는 지인도 '자습실에 문제집을 잔뜩 들고 오는 학생치고 명문대 합격이 드물다.'는 말을 들은 적이 있다. 자신이 그날 공부할 범위를 명확히 해두지 않았기에 이것저것 모두 챙겨

가지 않으면 불안하기 때문이다. 큰 가방을 들고 다니는 사람의 심리와 비슷하다.

즉, '물건을 갖고 있는 것' 자체가 안심되기에 물건에 집착하고 손에서 물건을 떼지 못한다.

구세대 능력자는 경제적으로 성공했고 신용카드도 갖고 있지만 여전히 장지갑에 집착하는 이유는 뭘까.

예전의 현금 결제 시대의 체험에 사로잡혀 현금이 없으면 불안하고, 현금이 부족한 상황에 처할까봐 두려운 심정이 그렇게 만들지 않을까 싶다.

돈 버는 방식은, 합리적인 발상에서 비롯된다.

Chapter 5

MZ세대,
심플한 차림을 선호하는 이유는?

일반적으로 부유층이라면 럭셔리 브랜드 같은 호화스러운 차림을 선호한다는 이미지가 있다. 실제로 구세대 부자들 중에는 럭셔리 브랜드를 선호하는 사람이 적지 않다. 자기 과시를 하려는 것이다. 하긴 예전에는 럭셔리 브랜드를 몸에 걸치는 자체가 성공의 상징이었다. 주위의 선망과 존경을 받았다. 옷은 자아를 확장시켜주는 긍정적인 작용을 한다. 럭셔리 브랜드를 몸에 걸치면 기분이 좋아지거나 자신감으로 연결되고 그에 걸맞은 행동을 하게 되는 효과도 있다. 실제로 체험한 사람도 많을 것이다.

어떤 결정적인 순간에 꼭 입는 '승부의 옷'도 있을 정도이니까. 하지만 이미 과거의 유물일지도 모른다. MZ세대 능력자는 대개 패션에 흥미가 없다. 중요하다고 여기지 않는다. 평상시에 입는 옷은 어디서든 살 수 있는 캐주얼한 스타일이다. 겉보기에는 일반인과 별 차이가 없다. 지인 몇 명에게 그 이유를 물어본 적이 있다.

대개 세 가지 이유가 있다고 한다.

첫째. 그들에게 패션은 승부를 가르는 중요한 것이 아니기에 돈 들일 필요가 없다고 생각한다. 그들에게는 자기 능력의 최대치를 이끌어내어 성과를 올리는 것이 가장 중요하다. 양복을 입으면 활동하기가 불편하고 여름에는 덥다. 영업직처럼 외부에서 사람들을 자주 만나는 직종이 아니라면 옷과 성과는 관계가 없다. 그래서 그들은 티셔츠와 청바지 차림을 선호하는 경향이 있다.

둘째, 사람들이 어떻게 생각하는지 전혀 신경쓰지 않는다. 멋있게 보이려들던가 창피한 복장이라는 감각이 없다.

자신감이 있기에 복장으로 굳이 나타낼 필요가 없다.

물론 그중에는 자신의 이미지 향상을 위해 일부러 겉모습에 돈을 들이는 사람도 있다. 하지만 그들 대부분도 꼭 그래야만 할 상황에서는 돈을 들이지만 나머지는 철저하게 무관심함으로써 분명한 구별을 짓는다. 지인 중에 창업 컨설턴트가 있는데 SNS에 업데이트하는 사진은 럭셔리 브랜드를 걸치지만, 평상시에는 평범한 셔츠와 청바지로 지낸다.

결정의 수를 줄이기 위해 단순하게 산다.

셋째, 어떤 옷을 입을지 고민하는 시간, 새 옷을 사러가는 시간도 아깝다는 사람도 있다.

스티브 잡스는 늘 검정 터틀넥에 청바지, 신발은 스니커즈를 신었다. 페이스북의 CEO인 마크 저커버그는 자신의 회사에서 이루어진 공개 Q&A에서 "왜 당신은 매일 똑같은 셔츠를 입느냐?"는 질문에 다음처럼 대답했다.

"나는 사회적 공헌에 상관없는 작은 결정은 되도록 고민하지 않는 편이다. 많은 심리학 이론으로도 뒷받침된 것으로 무엇을 먹을지, 무엇을 입을지 같은 작은 결정이라도 반복되면 에너지를 소모시키기 때문이다. 매일의 생활에서 작은 결정에 에너지를 소모하면 나로서는 정작 내 일을 하지 않는다고 느끼게 된다. 최고의 서비스를 제공함으로써 10억 명 이상의 사람들을 연결시켜주는 것이야말로 내가 해야 할 일이다. 다소 이상하게 들릴지 모르겠지만 그것이 질문에 대한 대답이다."

오바마 전 대통령도 "나는 늘 회색이나 청색 양복을 입는다. 그래야 내가 내려야 할 결정이 줄어든다. 뭘 먹을지 뭘 입을지 망설일 여유가 없다. 그것 말고도 결정을 내려야 할 일이 산처럼 쌓여있기 때문이다."라고 말한 적이 있다.

그들은 '결정의 수를 줄인다'라고 이구동성으로 말한다.

작은 결정이라도 그 수가 반복되면 에너지가 소모되고, 보다 크고 중대한 결정의 정밀도가 떨어진다고 그들은 말한다. 즉 철저하게 결정의 수를 줄이고, 단순하게 살아간다. 그에 따라 자신이 정작 해야 할 일에 집중할 수 있다. 그래야 원하는 목적의 달성에 가까이 다가갈 수 있다는 뜻이다.

여기서는 '옷'에 대한 사례를 들었지만 MZ세대 능력자는 다른 모든 분야에서도 철저하게 그 원리를 적용시킨다.

결과에 몰두하려면 단순하게 산다.

Chapter 6

MZ세대,
왜 휴대폰을 자주 바꿀까?

구세대 부자가 돈을 쓰는 대상과 MZ세대 능력자가 돈을 쓰는 대상의 차이를 알기 쉬운 예가 신용카드다.

구세대는 신용카드에 사회적 지위를 느낀다. 그들이 성장한 시대 환경과 밀접한 관계가 있는데, 신용카드가 소유자의 지위나 등급을 나타내주었기 때문이다. 신용카드가 그다지 보급되지 않았던 시절, 결제할 때 내민 카드가 '골드'라는 이유만으로 대단하다고 여겨졌던 시대를 구세대는 피부를 통해 느꼈을 것이다. 지금도 마찬가지다. 연회비가 비싸도 골드 카드나 다이아몬드 카드를 몇 개씩 갖고 있는 사람이 많다. 이전에는 프리미엄 카드를 발급해준다는 초대장만 받아도 자랑으로 여기는 사람도 있었다.

한편, MZ세대 능력자는 신용카드의 보유율이 80%를 넘는 시대에 살고 있다. QR결제, 스마트폰 결제, 전자화폐처럼 결제수단이 다양화되는 이 시대에는 신용카드의 컬러나 등급에 별 의미가 없어졌다.

신용 등급이 높은 카드에도 흥미가 없고, 굳이 비싼 연회비를 낼 필요성도 못 느낀다. 현실적으로 연회비 수십만 원의 혜택을 고스란히 받는 사람은 그리 많지 않을 것이다. MZ세대 능력자는 그만큼 현실적이다. 겉모습보다는 실리를 우선적으로 추구한다.

소비성향으로 알 수 있는 MZ세대, 구세대의 기질

신세대와 MZ세대의 소비 성향의 차이는 시대감각에서도 나타난다.

전형적인 예로서는 정보기기에 대한 투자이다. 구세대는 똑같은 컴퓨터, 프린터를 몇 년이고 계속해서 쓴다. 시대의 최첨단을 달리기보다는 가격이 떨어질 때 사면되거나, 망가지면 그 때 새 것으로 사면된다고 생각하기에 최신 모델을 구입할 필요성을 못 느낀다.

'아직 멀쩡한데, 새것 사려면 아깝잖아.'라고 말한다.

지인 중에도 환갑을 맞은 경영자가 몇 명 있는데, 아주 최근까지 그들은 위 아래로 접는 구식 폴더폰을 사용하고 있었다. 연령적으로 당연하고 잘못된 것도 아니다.

이에 비해 MZ세대는 최신 모델로 자주 바꾼다. 그들은 보다 효율적이고 높은 생산성을 추구한다. 최신 테크놀로지가 최고의 생산성을 발휘하고, 최신 모델이 훨씬 편리하기 때문이다.

삶의 어느 부분에 중점을 두느냐의 차이라고 말할 수 있다. 앞서 말했듯이 구세대는 자가 주택을 고집한다. 가구 등에 돈을 투자하는 사람도 많고 유럽산 테이블, 고급 식기를 사들이는 경향이 있다.

한편, MZ세대는 가구나 식기에 거의 돈을 쓰지 않는다. 되도록 물건을 사들이지 않고 필요 최소한으로 단순한 삶을 지향한다. 합리적이면서 시대감각이 뛰어난 중저가를 선호한다. 한 가지 사례에 불과하지만 여러분의 소비 성향은 어느 쪽일까.

남 앞에서 자랑한다고 돈이 늘어나지는 않는다.
합리적이면서 시대감각이 뛰어난 방식으로 돈을 쓴다.

Chapter 7

MZ세대,
일의 우선순위가 다르다.

구세대 부자는 노력도 인내도 불사한다. 목표달성에 필요하다면 어떤 고난도 겪어낸다.

가령, 자사에서 판매하는 상품의 주문이 쇄도하면 사장 스스로 현장에 나와 창고에서 땀을 흘리며 포장, 발송 작업까지 한다. 물론 이러한 자세는 성공에 불가결한 것으로 그들이 부자가 된 이유이기도 하다.

다만 그 여파가 만만치 않다. 업무량이 갑자기 늘면 가정에 소홀해지거나 부하사원에게 '이 정도는 할 수 있어야지'라고 자신과 동등한 수준의 능력을 요구한 나머지 부하사원들이 피곤해지기도 한다.

구세대 부자만 해당되는 특별한 경우는 아니지만, 많은 사람들이 '하지 않으면 안 될 일'에 쫓기고 있는 게 사실이다. '하지 않으면 안 될 일'은 필요에 쫓기거나 상사의 지시사항처럼 주위의 요청이나 압박을 받은 업무가 대부분이다. 스마트폰 요금을 납부하지 않으면 안 되고, 상사가 지시한 일을 하지 않으면 안 되고, 자녀의 학부형 모임이나 지자체 활동을 하지 않으면 안 되고….

그 나름대로 중요성을 띠고 있겠지만 '하지 않으면 안 될 일'만 잔뜩 한다면 행복과는 거리가 점점 멀어진다.

자신의 의지가 반영되지 않은 것이 대부분이라 스트레스도 만만치 않을 것이다. 혹은 그 일을 지시한 '누군가'의 목표 달성의 일부로서 이용될 수도 있다. 회사의 업무는 그야말로 전형적인 사례로서 필사적으로 해줘도 기뻐하는 것은 상사와 회사일 뿐이다. 충실한 삶을 보내려면 자발적으로 '하고 싶은 일'을 늘릴 필요가 있다.

한편, MZ세대 능력자는 '하고 싶은 일만 하는' 경향이 강하다. 가령 앞서 말한 포장, 발송 작업을 예로 들자면 MZ세대 능력자 중 한 사람은 아마존 풀필먼트 서비스를 이용한 인터넷 판매를 하고 있다. 자사가 판매하는 상품을 아마존의 창고에 납품하면 고객의 주문에 대응해 아마존이 포장에서 발송까지 모두 대행해주는 서비스다. 수수료는 발생하지만 그는 아르바이트하는 한 사람과 그 자신 두 명만으로 일을 해내고 있다. 인건비나 노력이 크게 줄어든 덕분에 신상품 발굴이나 상품 대량 매입에 전력을 기울일 수 있다고 한다. 그래서 이익률이 향상되었고 장기 휴가를 얻을 만큼 여유가 생겨서 삶의 질이 훨씬 좋아졌다. 각종 아웃소싱 서비스가 발달한 지금 시대라서 그런 측면이 있겠지만 MZ세대 능력자는 하고 싶지 않은 것, 핵심 업무 이외의 작업은 아웃소싱에 일임해 부담을 줄인다.

'하고 싶은' 것에서 출발하되, 그 미래는 자기 책임.

민박 사업에 성공한 지인이 있는데 그도 '내가 하고 싶은 것만 한다.'고 호언장담한다.

그는 외국인 손님들과의 커뮤니케이션을 좋아해서 접수 업무는 자신이 맡고 있다. 한편 침대 시트 교환이나 쓰레기 처리는 본인이 하고 싶지 않아서 아웃소싱 업체에 맡긴다.

그는 숙박객도 '선별'한다. 고양이를 좋아하는 사람이 그 조건이다. 그 자신이 고양이를 아주 좋아해서 그가 소유한 민박시설(아예 주택처럼 개조했다)에 많은 고양이를 키우고 있다. 민박인지 고양이 놀이터인지 모를 정도다. 숙박객은 기본적으로 고양이를 좋아한다. 집에서 키우는 고양이를 귀여워해주고 먹이도 주기에 시간적 여유가 생긴다. 동일한 취미를 가진 손님끼리도 자연스럽게 사이가 좋아진다고 한다. 하지만 '고양이를 좋아하는 사람'으로 한정지으면 손님 수가 그만큼 줄어든다. 많은 손님을 끌어모으기에는 불리하다. 그럼에도 즐겁게 일하는 편이 좋다고 그는 잘라 말한다. 오히려 SNS의 리뷰 덕분에 입소문이 나서 다른 민박 사업과 차별화에 성공했다.

이처럼 '하고 싶은 것'을 우선시하고 거기로 타깃을 좁히면 매출과 이익에 공헌할 뿐더러 일 자체도 힘들지 않다. 일이 즐거우면 매일의 삶에 탄력이 붙고 행복의 요소 한 가지는 확실히 확보했다고 말할 수 있다. 다만 '하고 싶은 것'은 누군가의 지시가 아닌 자신이 생각해서 결정하고 움직여야 한다. 말하자면 타인에 의한 강제력이 없다. 그러니 타인에게 피해를 주지도 않는다. 민박 사업을 하는 그는 누군가에게 '민박 사업을 해보라'는 제안을 들어본 적도 없고, 고양이를 좋아하는 손님으로만 받겠다고 우겨본 적도 없다. 그가 민박 사업을 하든 말든, 고양이를 키우던 말든 누구 한 사람 불편해하지 않는다.

하지만 '하고 싶은 것'은 스스로 찾아야하고, 스스로 선택하고, 스스로 결단을 내린 후, 실천해야 한다는 어려움이 뒤따른다. 그래서 많은 사람들이 자신이 하고 싶은 것을 관철시키지 못한다.

자신의 의사를 적극적으로 반영하고, 하고 싶은 것을 늘려간다.

Chapter 8

MZ세대,

to do 리스트가 아니라 to be 리스트!

업무 관리, 비망록으로 To Do 리스트를 활용하는 사람이 많다. MZ세대 능력자는 거기에 더해 To Be 리스트도 적극적으로 활용한다. To Be 리스트를 별로 들어보지 못한 사람도 있겠지만,

'되고 싶은 자신의 모습, 존재하고 싶은 자신의 상태'를 적어둔 리스트를 말한다.

리스트라고 하지만 별도로 종이에 따로 적어둔 게 아닌

신세대 머릿속에 강렬히 새겨진 지침 같은 것이다. 본디 To Do 리스트는 '꼭 해야만 할 것' '하지 않으면 안 될 것'으로 앞서 언급한대로 의무사항이나 누군가의 강제적 지시에 의한 것들이 많다. 반면에 To Be 리스트는 '나는 이러저러한 사람이 되고 싶다.' '이러저러한 삶을 살고 싶다.'는 보다 능동적인 목표다.

내 주위의 부자는 주로 두 가지 타입으로 나뉜다. 욕심내서 사업 확장을 목표로 앞만 보고 돌진하는 타입과 규모를 너무 확장시키지 않고 그 대신 자유를 추구하는 타입이다.

전자는 구세대 부자에게 자주 발견되는 타입이다. MZ세대 능력자는 후자가 대체적으로 우세하다. 특별히 큰 야심이 있지 않다. 다만 '좋아하는 것을, 좋아하는 때에, 좋아하면서 할 수 있는 자유'를 대단히 중요하게 여기고, 그 상태를 유지하려는 To Be 리스트를 갖고 있다.

그렇기에 사업 확장에는 별 흥미가 없고 반경 3미터 이내에서 완결되는 비즈니스를 창업해 꾸준하고 천천히 지속시키는 편을 선호한다. 가령 나와 가까운 한 작가는 '글쓰기'라는 테마로 오프라인 공부 모임과 온라인 공부 모임을 운영하고 있다. 공부 모임의 회원은 150명 정도. 그 중 온라인 공부모임은 80명 쯤 된다. 한 사람당 회비가 월 5만원이니까 월

별 매출이 1150만원, 연간으로 치면 1억3천만 원 가량 된다. 좀더 분발하면 돈을 더 벌 수 있지 않을까 싶어 그에게 이렇게 물어본 적이 있다.

"지금도 괜찮게 버는데, 회원 수를 늘리거나 회비를 올리면 어때?"

그러자 그가 대답했다.

"여기에서 회원 수를 더 늘이면 바빠지겠지. 그렇다고 사람을 고용하면 비용이 들겠고. 게다가 회비를 올리면 더 질 좋은 서비스를 해야 할 테고. 안 그러면 클레임이 쇄도할 거야. 어느 쪽이든 귀찮기는 마찬가지야. 그러니 적당한 가격에 나를 좋아하는 팬들이 오래도록 돈을 내주면 그것으로 족해. 악착같이 일을 안 하고도 느긋하게 할 수 있거든."

그 말을 듣고, 무리하지 않으면서 자연스럽게 연수입 1억원을 번다면 그 또한 이치에 맞겠다는 생각이 들었다.

흔들리지 않는 축이 돈을 벌어준다.

사람들 중에는 '내겐 꿈이 없다'라고 비관하는 사람도 꽤 있다.

설혹 꿈이 없어도 문제는 없다. 위에 언급한 그의 경우처럼 마이 웨이를 가면서 돈을 벌수도 있다. 그렇지만 To Be

리스트는 꼭 가졌으면 한다. 왜냐하면 To Be 리스트를 갖고 있으면 그것이 판단의 기준, 행동의 지침이 되기에 좀체 흔들리지 않기 때문이다. 앞서 예로 든 민박 사업의 그는 '자유'를 자신의 축으로 삼았기에 자유를 훼손할 가능성이 있는 사업은 손대지 않는다. 자유를 방해하는 돈벌이 방식은 멀리한다.

선택이나 결단으로 압박을 받을 때, '나의 To Be 리스트에 적합한지'를 먼저 염두에 두면 자연스럽게 '할 것'인지 '하지 말아야 하는 것'인지가 명확해진다. '할 것'이라고 선택했다면 '어떻게 할지'가 저절로 보이게 된다. 쇼핑할 때나 아파트를 구입하거나 여행지를 선택할 때도 마찬가지 원리가 적용된다. 그 선택이 나의 To Be 리스트와 일맥상통이 있는지의 발상을 도입한다. 그러면 나 자신의 고개가 절로 끄덕여지는 훌륭한 판단으로 이어질 것이다.

이상적인 상태, 'To Be'를 늘 머릿속에 떠올린다.

Chapter 9

MZ세대,
오로지 경청과 공감의 양념, 술자리!

구세대 부자는 술자리를 좋아한다. 부하사원이 뭔가 불만이 있어 보이는 표정을 지으면 '한잔 하러 갈까?'라고 말을 건넨다. 물론 개인적인 고민이라면 술자리 상담이 도움이 될 때도 있다. 직장에서는 말하기 어려운 분위기도 있고, 상사로서도 대놓고 어떤 특정한 부하사원만 챙길 수는 없는 노릇이다. 술자리 대화가 효과적일 수도 있다. 하지만 업무에 관한 불만, 불평은 꼭 그렇게 해결되지는 않는다.

예전에 호경기 시절은 열심히 일하면 보답받는 시대였다. 따라서 술자리에 데려가 분위기도 쇄신할 겸 부하사원을 달

래면 부하사원도 술의 힘을 빌어 앞으로 잘해 볼게요, 라며 상사의 의도에 호응해주었을지도 모른다. 그렇지만 노력한다고 보상이 꼭 이루어지지는 않는 요즘 같은 불확실한 시대에 업무에 관한 불만이 모두 술자리에서 말끔히 해결되지는 않는다. 지금의 젊은이들은 상사와의 술자리를 프라이버시를 침해하는 것으로 간주하는 경향이 있다. 아예 술을 못 마시거나 마시지 않는 사람들도 늘고 있다. 술자리에 의존하자니 여러 문제가 가로막는 시대가 되었다. 그래서 MZ세대 능력자는 술자리에 의존하지 않는다. 부하사원이 불만의 의사를 표현하면 어디까지나 업무의 연장으로 간주해서 업무 시간 내에 개별적으로 미팅 시간을 만들어 상담을 받아준다. '업무에 관해서는 꼭 술자리가 아니라도, 서로의 의견을 분명히 전할 수 있는 관계의 구축이 훨씬 중요하다.'는 인식을 갖고 있다.

MZ세대 능력자는 술자리에서 주변 인물로 만족한다

MZ세대가 술자리를 아예 갖지 않는다는 말은 아니다. 물론 그들도 술자리를 갖는다. 그런데 술자리에서 구세대와 MZ세대의 차이점이 있다. 구세대는 술자리에서 자신이 주역을 맡고 싶어 한다. 과거의 무용담과 설교를 늘어놓는다.

또한 단골술집에 가서 그곳 주인에게 극진하게 대우받는 모습을 보여주고 싶어 한다. 부하사원의 주머니 사정으로 좀체 엄두가 나지 않는 곳이나 평소에는 가보지 못한 곳으로 데려간다. 그러면 젊은이들은 부러움과 존경심을 품을 수 있다. 자신의 힘을 과시하는 방편치고는 나쁘지 않은 방식이다. 한편 MZ세대는 반대다. 완전히 주변 인물로 만족하는 경향이 있다.(물론 내 지인 중에는 IT업계 관계자가 많은 이유도 한 몫 하지만) MZ세대 능력자가 술자리를 갖는 이유는 자신이 주역을 맡고 싶어하기 보다는 친목을 도모하거나 평상시 회사를 위해 애쓰고 있는 점을 치하하기 위해서다. 부하사원의 말을 경청하고, 공감해주며 모두가 즐겁도록 분위기를 조성하는데 애쓴다. 부하사원이 직접 물어보지 않는 이상 자신의 이야기를 삼가하며 오히려 부하사원의 이야기를 들어주려고 한다. 부하사원의 입장에서는 자신의 이야기를 들어주는 것이 오히려 자신을 이해해주기에 안도감이 든다. 부하사원은 나름대로 스트레스를 발산할 수 있고, 내일을 위한 활력으로 이어질 수 있다.

한편 구세대는 아랫사람이 자신의 빈 잔에 술을 따라주는 것을 매너라고 여기기에 술잔이 비었을 때 나 몰라라 하는 부하사원들에게 불만을 갖는다. 하지만 요즘 젊은이들은 술을 따라주는 자리(친척들의 모임처럼 윗사람이 많은 자리)를 경험해보지 않고 자란 사람들이 적지 않다. 술자리에서 어떻게 처신할지를 모르기에 상사의 술잔이 비어도 눈치채지 못한다.

그런 사정도 있지만 MZ세대는 아무튼 거의 신경쓰지 않는다. 빈 술잔에 술을 따라줘야 할지 말지를 떠나서 업무에 관한 고민은 술자리에서 풀지 않는다. 술자리를 갖는다면 부하사원의 노고를 칭찬하는 자리다. 아런 방식은 요즘 젊은이들을 통솔하는 매니지먼트로서 좋은 참고가 될 것이다.

부하사원과의 술자리에서 상사의 도량이 드러난다.

2
PART

MZ세대,
쓸데없이 힘쓰지 않는 비즈니스 습관

Chapter 10

MZ세대,
대면 없이 공유하고 필요시 작은 미팅

사람에 따라 차이는 있지만 일반적으로 구세대는 회의를 좋아하는데다 회의 시간도 길다. 현장감 있는 소통을 중시하기에 여러모로 자기 스스로 파악하지 못하면 양에 차지 않는 경향도 있다. 반면에 MZ세대 능력자는 회의를 싫어하는데다 그 시간도 짧다는 특징이 있다. 그들은 본디 월급쟁이 시절부터 회의가 적성에 맞지 않는데다, 어떡하면 회의에 참석하지 않아도 될지를 궁리하거나 회의 중에도 딴 짓거리를 하는 부류들이었다.

시간의 가치를 따저서 불필요한 업무는 타인에게 맡기자

는 사고방식 때문일 것이다. 물론 조직이 커질수록 어쩔 수 없이 회의도 많아지지만 신세대는 회의는 시간의 낭비라고 생각한다.

가령, 연수입 5천만 원을 버는 사원의 시간 단가는 약 2만 5천원이니까, 50명이 모이면 1시간 회의만으로 125만 원의 비용이 소요된다. 매주 회의를 열면 1년(52주간)이면 6,500만 원이다. 그러니 보고나 단순 지시 사항만으로 회의를 연다면 별로 쓸모가 없다. 사원들에게 보다 효율적인 업무를 배당하는 게 훨씬 합리적이다. 그래서 MZ세대 능력자가 경영하는 회사에서는 회의 시간이 상대적으로 짧다.

회의실이 없으면 작은 미팅 테이블로

대신의 그들의 사무실에는 작은 미팅 테이블이 여기 저기 놓여있다.

잠깐만 이야기할까, 라고 누가 제의하면 금세 소규모 미팅이 가능하다. 시간을 오래 끄는 회의가 아니라 빈도가 높은 '작은 미팅'을 중시하기 때문이다. 상담, 결정, 역할 분담, 지시, 행동이 필요할 때 순간적 혹은 빠른 기동성을 갖추기 위해서다. 대규모 회의에서 소규모 미팅으로 바꾸는 것만으로 팀의 기동성이 달라진다고 말해도 '우리 회사도 시도해봤지만 잘 안 된다'라는 구세대 경영자가 있다. 혹여 본인이 현장을 너무 세세히 파악하려는 과욕 때문일지도 모른다. 상사가 너무 세세하게 개입하거나 모든 것을 판단하려고 들면 부하사원은 자발적으로 움직일 수가 없다.

한편, MZ세대 능력자는 각 담당자를 믿고 업무를 맡긴다. 상대에게 일임하는 매니지먼트에 충실하다.

프로젝트의 진행 상황도 Wrike(라이크)같은 매니지먼트 툴이나, Slack(슬랙)같은 차트 툴을 사용함으로써 직접 대면하지 않고도 온라인상에서 자료나 의견을 교환한다. 전원이 참석하는 회의는 필요최소한으로 줄이고, IT 툴을 적극적으로 도입해서 효율화를 도모한다.

회의를 줄이면 현장이 빨라진다.

Chapter 11

MZ세대,
capital gain에서 income gain으로!

구세대는 자신이 얼마나 바쁜지를 주위에 뻐기는 경향이 있다. 가령, '어제는 일하느라 밤샜어.' '하루에 출장을 세 군데 다녔더니.' '오늘도 미팅이 여섯 건이나 돼.' …

반면 MZ세대 능력자는 짧은 노동시간을 뻐긴다. '하루에 일하는 시간이 요만큼밖에 안 돼.' '자면서도 돈을 벌어.' '거래처 상담은 ZOOM(온라인 회의 앱)으로 충분해.' …

좋고 나쁨의 문제가 아니라 단지 세대에 따른 노동개념의 차이점일지도 모른다. 구세대는 다른 사람보다 몇 배의 노력으로 성공한 세대라서 '노동은 미덕'이라는 가치관을 지니고 있다. 신세대는 악착같이 일하는 것은 바람직하지 않다고 여기는 대신(물론 필요한 경우는 그렇게 한다) 얼마나 효율적으로 돈을 벌지에 초점을 맞춘다. 다만 이런 사고방식은 '게으름'과는 근본적으로 다르다. 겉보기에는 유유자적해도 그들의 두뇌는 풀가동하고 있는 중이니까.

그들은 어떡하면 자신의 비즈니스를 체계적으로 만들까를 지속적으로 생각한다. 즉, 비즈니스를 '인컴 게인, income gain(자산을 보유함으로써 안정적, 지속적으로 받을 수 있는 이익-옮긴이)'으로 구체화해보려는 것이다.

설명이 필요할 것 같다. 투자에 캐피탈 게인(매각 이익)과 인컴 게인(운용 이익)이 있듯이 비즈니스 모델에도 캐피탈 게인 유형과 인컴 게인 유형이 있다. 캐피탈 게인은 말하자면 수렵형으로 한 번의 매출이 큰 대신 늘 신규 고객을 개척해야 한다는 숙명을 지니고 있다. 전형적인 사례로는 인재 파견 비즈니스, 부동산 매매가 있다. 인재 파견 비즈니스는 전직하려는 사람의 연수입의 30%를 수수료로 받기에 만일 연수입 1억 원의 인재를 전직시키는데 성공하면 3천만 원의 성공 보수를 받을 수 있다. 부동산 매매(중개)도 마찬가지로

5억 원의 아파트를 팔면 3%의 중개수수료인 천오백만 원의 보수를 받는다.(우리나라의 경우는 0.4%-옮긴이)

인재파견 비즈니스는 설비투자와 자금도 거의 들지 않고, 부동산 매매도 중개만 한다면 점포 세 낼 정도의 자금만 갖추면 된다. 하지만 조금만 생각해보면 알 수 있듯이 어떤 거래든 단 한 번으로 완결되기에 바로 다음 고객을 찾아 나서야만 한다. 어떤 의미에서는 반영구적으로 그런 상황이 계속된다. 수렵형 비즈니스는 매출이 불안정해지기 쉽다. 경기에 좌우된다는 특징도 있다. 불경기에 접어들면 제일 먼저 타격을 입는 게 바로 이러한 비즈니스다.

한편 인컴 게인은 농경형이다. 한 번의 매출은 적지만 월 단위 혹은 연 단위로 지속적으로 돈이 들어오는 모델이다.

인컴 게인의 전형적인 사례는 전력회사, 서버 호스팅(네트워크 공간과 회선을 임대해주는 서비스-옮긴이) 회사로 계약 한 건 당 월 5만 원이나 10만 원이 책정되어 있는데 많은 고객을 확보하면 안정적인 수입이 보장된다. 나아가 한계점(threshold, 어떤 반응을 일으키기 위해 거기에 가해야만 하는 최소한의 에너지-옮긴이)을 넘으면 거기에 들어가는 수고나 경비보다 이익이 압도적으로 많아지면서 수익이 탄탄해진다는 특징이 있다. 농경형 유형은 경기에 좀체 좌우되지 않는 경우가 많다. 불경기라서 전기를 사용하지 않거나 홈페이지를 철수하는 경우는 거의 없기 때문이다.(오히려 홈페이지를 강화할 수도 있다)

체계적인 구조화를 통해 인컴 게인을 노린다.

MZ세대 능력자는 체계적인 구조화를 통해 안정적인 운영이 가능한 인컴 게인 유형의 비즈니스를 지향한다. 다만 전력회사 같은 공공 인프라는 대단위의 설비투자 자금이 필요하고 시장 진입의 장벽이 너무 높아서 현실적이 아니다. 서버 호스팅도 초기투자가 필요하고 이미 레드 오션(경쟁이 치열한 시장)이 되어 있다. 그래서 그들은 자신의 비즈니스에 초기 투자를 너무 들이지 않고 인컴 게인을 가능하게 하는 체계적 구조화를 노린다.

전형적인 사례가 '회원제 비즈니스'이다. 차별화된 서비스, 콘텐츠에 합리적인 가격 설정, 거기에 매스컴을 활용해서 블랜딩함으로써 회원수를 늘려 안정적 수익을 꾀한다.

최근 화제를 끄는 서브스크립션 비즈니스(subscription, 정기구독)를 예로 들 수 있다. 매월 일정한 금액을 지불하면 원하는 상품(물건이나 서비스)을 마음껏 사용할 수 있는데, 정기권 비슷한 것이다. 요즘에는 '무한 리필' '무한 시청' '무한 듣기' 등 내용이 다양화되는 추세다. 앞으로도 서브스크립션 서비스는 증가할 가능성이 크다. 물론 처음에는 얼마간 초기투자나 마케팅 비용이 들겠지만 그 중에는 비용 제로로 할 수 있는 방법도 있다. 내 지인 중 MZ세대 능력자는 이메일로 제공하는 유료 잡지 콘텐츠와 유튜브로 돈을 버는데 누구라도 할 수 있는데다 초기투자비용이 거의 들지 않았다. 이메일 유료 잡지의 구독자 수가 늘고, 유튜브도 재생횟수나 시간이 늘면 수입도 더불어 증가한다. 그가 언제 일하는지도 모를 만큼 자주 영화를 보러 가거나 여행을 가는 데도 연수입은 '10억 초과'이다.

초기투자비용이 적은 인컴 게인 비즈니스라면 수익이 안정된다.

Chapter 12

MZ세대,
신문도 TV도 필요 없는 이유는?

구세대에게 신문은 정보수집 수단 중 하나이고 TV도 자주 보는 편이다. 특히 '경제신문'은 필수적이고 평일 저녁 11시에 방송되는 흔히 WBS라고 부르는 프로그램 '월드 비즈니스 새터라이트WORLD BUSINESS SATELLITE(1988년부터 방송된 텔레비전 도쿄 방송국의 경제보도프로그램-옮긴이)를 즐겨 시청한다. 반면 MZ세대 능력자의 대부분은 신문도 읽지 않고 TV도 보지 않는다. 정보수집의 수단으로서 비효율적이기 때문이다. 신문에 실린 정보는 광범위하지만 깊이가 떨어진다. 세상 돌아가는 것을 어렴풋이 짐작할 수는 있지만 그들은 그러한 정보에 의미를 두지 않는다. 자신과 무관한 정보는 이용가치가 없기 때문이다. TV는 시간 당 정보가 너무 적다. 똑같은 화면이 몇 번이고 되풀이되고, 보도 프로그램의 경우도 무난한 출연자의 무의미한 발언이 화면을 채운다. 정보로서의 가치가 극히 적은 편이다. 본디 TV나 신문은 정보가 늦다. 며칠 전에 발생했는데도 마치 최신 뉴스처럼 포장해서 나오는 경우가 적지 않다.

트위터로 정보를 즉각 포착한다.

MZ세대 능력자가 정보를 얻는 수단은 뭘까.

SNS다. 특히 트위터를 활용하는 사람이 많다. 이유 불문하고 정보가 빠르다. 궁금해서 질문하면 많은 사람이 정보도 준다. 물론 가짜 정보도 많고 진위가 불확실한 정보도 있다. 그래서 그들은 신뢰할만한 사람을 중심으로 정보를 얻는다. 또한 어떤 정보를 리트윗해서 반응을 살펴본다. 가짜 정보나 근거 없는 정보는 리트윗을 본 사람으로부터 당연히 반박 당한다.

중요한 판단이 필요한 안건은 구글 검색을 비롯해 복수의 정보를 비교해서 '실제로 어떤지'에 대해 정보의 출처와 내용의 정확성을 확인한다. 페이스북도 자신과 가까운 사람들과 여러 정보를 공유하거나 게재한다. 궁금하면 글을 올려

본다. 뭔가 반응이 있을 것이다. 다른 의견이나 사고방식도 접할 수 있다. 또한 마음에 드는 사람들의 블로그를 방문하거나 복수의 뉴스앱을 스마트폰에 깔아서 내용을 비교하면서 열람한다. 즉, 그들이 정보를 얻는 수단은 네트워크가 주류다. 그들의 스마트폰은 지상파 TV 시청 기능도 없다. 그들은 TV수신료나 신문 구독료를 지불하는 게 시대에 뒤처졌다고 생각한다. 다만 구체적 비즈니스 안건이나 투자 안건, 돈이 움직일 것 같은 미묘한 움직임이나 시대의 조류 변화를 직감적으로 느끼게 만들어주는 정보는 역시 직접 사람을 만난다. 실제로 돈 버는 이야기는 네트워크에서 떠돌아다니지 않는다. 떠돌아다닌다 해도 단지 서비스 차원이거나 사람들에게 투자를 권유하는 내용뿐이다. 정보수단으로서 중요한 것은 '사람'이다. 구세대나 신세대나 차이가 없다. 이 점을 강조해두고 싶다.

정보에 대한 감각은 네트워크를 통해 단련해둔다.

Chapter 13

MZ세대,

선(先) 삶의 방식, 후(後) 일하는 방식

부자는 예외 없이 창업이라는 삶의 방식을 선택한다. 구세대나 신세대나 마찬가지이지만 동기는 약간 다르다. 구세대의 대다수는 돈을 벌고 싶거나 성공해서 주위로부터 부러움을 사고 싶어서, 라는 이유가 많다. 창업의 동기는 사람마다 100% 똑같다고 말할 수는 없지만, 적어도 내 주위의 구세대 부자는 그런 경향이 강하다. 또한 월급쟁이가 싫거나, 다른 사람에게 지시 받는 게 싫어서, 라는 이유도 의외로 많은 편이다. 그들 중에는 '내가 번 이익을 회사가 모두 가져가는데 그럴 바에야 내가 직접 창업해서 돈을 더 벌겠다'는 이유로 독립한 톱세일즈맨 출신이 꽤 많다. 그들은 규모의 확대에 애쓴다. 사람들을 많이 고용하고 화려한 사무실을 갖추고 사업 규모를 점차 확장한다.

한편, MZ세대 능력자는 돈을 벌고 싶다든지 회사를 크게 키우고 싶다는 욕망이 구세대보다 약하다. 그들의 창업 동기는 돈 욕심이나 성공 욕심보다는 자유롭게 좋아하는 일을 하겠다는 욕망, 사회에 대한 기여에 기인한 경우가 많다. 특히 요즘 들어서는 그런 경향이 갈수록 강해지고 있다. 구세대는 자신의 욕망에 충실하지만, 신세대는 어딘가 담담해 보인다.

구세대는 신세대를 가리켜 '무기력하다'라고 불만이지만, 신세대는 구세대에게 '고리타분하다'라고 느낀다. 누가 옳고 누가 그른 문제가 아니다. 누가 정답이고 누가 잘못이지도 않다. '어떻게 일하는 방식이 나의 행복에 직결될까'라는 본질적 물음이 핵심이다. 그래서 누구한테 고용되지 않는 일의 방식이라는 선택지는 검토할 만한 가치가 있을 것이다.

작은 사무실이지만 사회를 움직일 수 있다

MZ세대 능력자의 일하는 방식 중 하나인 '1인 창업'

사원을 고용하면 인건비라는 고정비가 발생하고, 일할 장소도 필요하다. 그래서 사무실을 얻으면 이 또한 고정비가 발생한다. 사원 관리도 필요하고 그에 필요한 시간도 뺏긴다. 그만큼 자유와는 멀어져간다. 하지만 1인 창업이라면 사무실은 자택 근무로 대체할 수 있다. 아니면 저렴한 쉐어오피스라도 좋다. 쉐어오피스라면 외부와의 미팅도 거기에 완비된 미팅 룸을 이용할 수 있다. 법인등기도 가능한 곳이 있다. 우편물을 대신 수령해주거나 전화응대 서비스를 제공하는 곳도 있다. 혹여 회사 규모를 확대해 혼자서는 도저히 업무를 처리할 수 없는 경우라도 꼭 정사원을 고용할 필요는 없다. 가령, 개인적으로 업무위탁계약을 맺고 정해진 업무만 해달라고 할 수도 있다. 네트워크상에서 서로가 필요한 사람을 연결해주는 사이트를 이용하면 꼭 필요한 사람을 간단히 찾을 수 있다. 그런 방식으로 연수입 10억은 무리라고 생각할지도 모르겠다. 하지만 그 만큼 버는 사람이 실제로 많다. 내 지인 중 한 명은 FP(Financial Planner, 자산관리사)인데, 혼자서 연수입 10억 원 이상을 벌고 있다. 자산관리사는 '가계상담'이라는 이미지가 있지만 그가 팔고 있는 것은 투자용 아파트, 변액보험(납입한 보험료 일부를 주식이나 채권같은 유가증

권에 투자하고 그 운용 성과에 따라 가입자에게 수익을 배분하는 상품-옮긴이), 법인대상 경영자보험 같은 수수료가 꽤 높은 상품이다.

그가 상품을 파는 방식은 이렇다. 기본적으로는 사람과 사람의 소개로 상품을 판다. 그런데 그 순서가 탁월하다. 그는 '돈버는 FP사무실로 바꿔주는 노하우'라는 세미나를 개최해서 참가한 FP에게 "여러분의 고객에게 이 상품을 팔아주면 이만큼의 수수료를 지불하겠다."라고 상품 판매를 권유한다. 그 수수료가 다른 보험사나 증권사보다 많기에 참가한 FP들은 적극적으로 상품을 판매한다. 세미나에 온 FP들을 자신의 세일즈맨으로 삼는 셈이다. 그는 처음부터 '상담업무만으로는 한계가 있다'라고 여겼다. 그가 팔려는 상품의 구색을 갖추는 한편 사람을 고용하지 않고도 최고의 영업팀을 구축해보려고 많은 시행착오를 거쳤다고 한다.

연수입 10억 원까지는 아니더라도 내 주위에는 연수입 5억 원을 넘을 것으로 추정되는 자영업자가 꽤 많다. 그들은 '사람을 고용하지 않고' '사무실을 갖고 있지 않으며' '출근하지 않아도 상관없고' '몇 시에 자던 몇 시에 일어나던 개의치 않으며' '일 관계나 개인적인 관계로 만나는 사람을 자유롭게 선택하는' 자유를 누리고 있다.

'이상적인 삶'을 먼저 택하고, 거기서 거꾸로 생각해서 일하는 방식을 선택한다.

MZ세대 능력자는 나는 이러저러한 삶을 살고 싶다는 인생관을 먼저 택하고 그리고 거기서 거꾸로 생각해서 일하는 방식을 선택한다. 그 결과가 어쨌든 창업으로 이어지지만 그렇다고 두말말고 창업하라는 뜻은 아니다. 사람마다 체질이나 성격에 맞는 게 따로 있다. 대기업에서 일하기 때문에 할 수 있는 것도 있다. 자신의 삶은 스스로 통제한다는 의지를 갖는 게 중요하다. 그런 의지가 없다면 가령, 월급쟁이라면 회사에 자신의 삶을 맞추는 선택지밖에 남지 않는다. 회사는 주인의식을 강조 할 수 있지만 월급쟁이는 정년퇴직과 동시에 직업적인 인생이 끝난다. 남은 인생은 연금에 의존하겠지만 연금도 서서히 줄어들기에 인생 100년을 구가하겠다고 마음먹어도 마지막은 빈곤한 삶만 남는다. 그런 삶을 원하는 사람은 아무도 없다. 지금이야말로 내 삶의 방식은 내가 정해야 한다는 의지를 갖고 삶의 방식, 일하는 방식을 다시 디자인할 필요가 있지 않을까.

자신의 일하는 방식을 타인이 정하게 만들면 안 된다.

Chapter 14

MZ세대,
잦은 이사를 선호하는 이유는?

구세대는 집을 마지막 안식처라고 여기는 경향이 있다고 1장에서 언급했다. 여기서는 '이사'라는 관점에서 조금 더 파고 들어가 생각해보겠다. 한 곳에서 계속 산다. 거의 이사하지 않는다. 관점을 바꾸어보면 보수적이라고 말할 수도 있다. 연령과 더불어 보수적이 되는 건 자연스러운 현상이다. 나이가 들면서 짐도 많아지면 이사 자체가 번거롭다.

MZ세대 능력자는 자주 이사한다. 나는 100명 이상의 창업자, 경영자와 SNS로 교류하는데 투고란에 보면 '이사했습니다.'라고 언급한 것을 자주 본다. 인생을 바꾸려면 사는 곳을 바꾸거나, 교류하는 사람을 바꾸라는 말이 자주 회자된다. 인생이 그리 간단히 바뀌지는 않겠지만 장소를 바꾸면 발상도 바뀌는 게 어느 정도는 사실이다. 어떤 곳에 처음 살게 되면 능동적인 자극을 받는다. 사고방식이 원점으로 회귀되고 기분도 새로워진다.

마치 자신이 새로 태어난 기분이 든다. 누구나 비슷한 감정이 들 것이다. 이 사실을 그들은 본능적으로 알고 있지 싶다. 또한 사는 곳을 선택하는 것은 뭔가를 이루고 싶다는 의지의 표명이라고도 볼 수 있지 않을까.

출퇴근 시간을 줄이려고 회사 근처에 살 수도 있고, 반대로 출퇴근 시간에 전철 안에서 공부하려고 교외의 전철 출발역 근처에 살 수도 있다.(100% 자리에 앉을 수 있기에 마음만 먹으면 공부할 수 있다) 부모님을 돌보려고 부모님 집 근처에 사는 선택도 있을 수 있다. 자연에 둘러싸인 행복을 맛보려고 시골에 살면서 특급열차로 도심지까지 출퇴근하는 사람도 있다. 출퇴근 시간이 길어서 비효율적으로 보이지만 당사자의 입장에서 인생의 우선순위가 자연에 둘러싸인 환경속의 삶이라면 그 또한 합리적 판단이다.

인생의 가치관이 '이사'에 나타난다.

사회인이 되면 자신의 의지로 살 곳을 선택할 수 있다. 어떤 목적을 갖고 있는지, 어떤 삶의 방식을 원하는지가 살 곳의 선택으로 나타난다. MZ세대 능력자의 이사하는 습관은 그들의 삶의 형태를 잘 나타내주고 있다. 우선, 내 자신의 이야기를 해두고 싶다.

나는 18살에 도쿄로 올라와 30년 간 13번이나 이사했다. 똑같은 곳에 계속 살면 지겹기도 하고 일하는 방식이나 라이프스타일에 최적의 장소를 찾는데 주력했기 때문이다. 투자의 밑천이 되어줄 돈을 모을 때는 돈을 아끼려고 교외의 싼 아파트에 산 적도 있다. 창업 후에는 회사 근처에 살았다. 사무실을 이전하면 새로운 사무실 근처로 다시 이사했다. 몇 년 전만해도 일하기에 편리한 도심지에 살았다.

최근에는 아이가 태어났기에 교외에 집을 짓고 이사했다. 내 아내도 사업을 하기에 우리 집은 맞벌이 가정이다. 아이를 바깥에서 자유롭게 뛰놀게 하고 싶었지만 도심지에서는 공원도 많지 않고 안전한 환경이라고는 볼 수 없었다. 그래서 자연이 풍요로운 교외의 신흥주택지로 이사했다. 주변에는 초록도 풍부하고 공원도 많다. 월급쟁이 세대와 고령자 세대뿐이라 평소에 교통량도 적어서 안심이 든다. 또한 우리가 마련한 집은 임대 겸 주택인데 1층이 자택이고 위에는 임대를 준다. 임대료만으로 주택 융자금을 모두 갚을 수 있기에 주거비가 들지 않는다.

그리고 미래의 계획도 갖고 있다. 아이가 초등학교 고학년쯤 되면 우리 가족 모두가 미국이나 말레이시아로 이주할 생각이다. 아이에게 다양성을 경험하게 하고 어학력도 키워주고 싶어서다. 아이가 집을 떠난 후에는(고교를 졸업하면 강제적으로 집에서 내쫓는 게 우리 집의 방침이다) 다시 일본으로 돌아와 이전처럼 일하기에 편한 도심지에 살 생각이다. 도심지에 사둔 콤팩트 맨션(30~50제곱미터 크기. 일반 아파트보다 작고 원룸보다 큰 것으로 싱글이나 맞벌이부부, 시니어 세대 사이에서 주목을 끌고 있다-옮긴이)이 있는데 지금은 임대를 주고 있지만 나중에 우리 부부 두 명만 남으면 충분히 살 수 있는 곳이다. 인생의 설계나 목적에 맞추어 그 때마다 라이프스타일을 최적의 상태로 맞춘다. 그 결과라고 딱 잘라서 말할 수는 없지만 내 연수입은 10년 가까이 계속 상승 중이고 아내의 사업도 순조롭다. 가족 전체의 라이프 스테이지(life stage-사람이 살면서 출생이나 취직, 결혼, 퇴직 등에 의해 달라지는 삶의 환경의 단계-옮긴이)가 조금씩 바뀌고 있다는 실감이 든다. 우리 집의 사례는 별도로 쳐도 어른은 스스로 살 곳을 정할 수 있어야 한다. 집에서 멀어진다거나, 출퇴근하기가 어려워서 어떤 삶의 가치를 포기한다면 대단히 아까운 일이다.

'자신의 이상을 실현하려면 최적의 장소는 어딜까?'

다시 심사숙고하면 여기가 아니라 그곳에 사는 게 좋겠다는 판단을 내릴지도 모른다.

그리고 혹여 그 곳에서 인생이 바뀐다면?

그렇다면 살 곳을 전략적으로 생각해볼 가치는 충분히 있을 것이다.

익숙해진 장소에서 벗어나 자신의 이상을 실현시킨다.

Chapter 15

MZ세대,
우수 사원은 인사부로!

부자의 대부분은 창업자 혹은 중소기업의 경영자이다. 그런데 인재 채용 방식을 살펴보면 구세대와 MZ세대 능력자의 의식 차이를 느끼게 된다. 구세대가 영업부에 우수 사원을 배치하는데 비해 MZ세대 능력자는 인사부에 우수 사원을 배치한다. 영업부는 매출을 올려주고, 이익을 창출하는 부서이기에 우수 사원을 투입하는 게 당연하다고 여긴다. 구세대는 그렇게 믿는다. 한편 회사의 미래를 책임질 차세대를 육성하지 않으면 기업의 미래는 보장받지 못한다. 인재를 발견해서 키우는 부서 즉 인사부에 우수 사원을 배치하면 회사를 전체적 수준으로 끌어올려줄 것이다. 이는 MZ세대 능력자의 사고방식이다.

지금은 채용, 육성을 어떻게 하느냐에 따라 경영이 좌우되는 시기다. 경영자가 아무리 훌륭한 사업 전략을 짜도 실현시켜줄 사원이 없으면 아무런 의미가 없다.

신상품을 개발하는 것도 사람이고 그것을 파는 것도 사람이다.

'사람'을 레벨업 시키지 않으면 기업의 레벨업도 없는 셈이다.

젊은 세대의 일에 대한 인식은 다양해지고 있다. 예전처럼 정열을 쏟아 일하는 우수한 유형의 인재는 이제는 보기 힘들다. 인재의 다양화에 맞춰 그 상황을 이해하고 채용과 육성에 돈과 시간과 노력을 들이지 않는 기업은 인재가 점점 빠져나간다. 특히 요즘은 일하는 인구의 감소로 인해 노동력 부족이 심각한 사회문제가 되면서 우수한 인재는 대기업에 취직하고 싶어 하기에 중소기업이나 영세기업은 인재 채용에 갈수록 어려움을 겪고 있다.

구세대가 경영하는 기업에서 차세대 인재가 육성되기 어려운 이유는 채용과 교육에 그리 시간과 노력을 투자하지 않기 때문이다.(거기까지 여력이 미치지 못한다)

물론 기업마다 시스템이 다르기에 한 마디로 잘라 말하기는 어렵지만 중소기업의 경우는 아는 사람을 통하거나 오너가 독단적으로 채용하는 경우가 적지 않다. 내 지인인 구세대 경영자도 활발하고 적극적인 성격의 젊은이를 보면 바로 '우리 회사에 오지 않겠냐?'며 채용하기도 한다. 그는 채용하려는 젊은이의 적성 따위는 개의치 않는다. 첫 인상이 좋으면 곧장 채용하는 성격이다. 나도 그의 소개로 한 사람을 고용한 적이 있지만, 확실히 말해 인재는 아니었다.

인재 채용이 경영에 영향을 끼치는 이유

인재 채용과 육성에는 막대한 시간과 비용, 노력이 들어간다. 이를 소홀히 하면 이른바 미스매치(mismatch, 불일치)가 생기기 쉽다. 그 결과 모처럼 공을 들여 가르쳤는데 퇴직서를 쓰고 나간다. 공들여서 채용하고 열심히 가르치는데도 회사를 그만두고 나가는 악순환이 되풀이된다. 채용과 교육에 들어간 비용도 모두 물거품이 된다. 무엇보다 육성(OJT, On-The-Job Training)을 담당하는 현장에서는 피로감이 늘면서 전체 사원의 동기 부여 의욕도 사그라진다. 입사 동기나 동료가 회사를 그만두면 남은 사람들도 생각이 많아지면서 '나도 다른 회사로 가는 게 낫지 않을까….'라는 부정적인 연쇄 반용도 무시할 수 없다. 관둔 사원이 경쟁사에 갔다면 교육 비용도 대신 대주고 거기에 자사의 노하우도 무상으로 제공한 꼴이 된다. 인재 유출은 복싱에서 보디 블로(body blow)처럼 서서히 기업의 체력을 빼앗는다. 게다가 채용 단계에서 우수한 인재를 확보하지 못하면 입사 후의 교육에 비용을 들여도 별다른 효과를 기대할 수 없다. 본디 우수한 인재는 교육하기 나름에 따라 성장하지만 그렇지 않은 사람은 아무리 시간과 돈을 들여서 교육해도 성장한다는 보장은 없다. 그만큼 인재가 중요하다. 우수한 인재일수록 구직 단계에서 면접관의 수준을 보고 그 기업의 수준을 헤아린다. 구인 기업이 수준이 떨어지는 면접을 행하면 '이 정도 수준밖에 안 되니 입사해도 성장할 여지가 없겠네.'라며 지레 포기한다.

그래서 MZ세대 능력자는 인사부에 에이스 사원을 배치하고 막대한 에너지를 들여 인재를 채용하고 육성한다. 가령 영업부에 에이스 사원을 한 명 두는 것과 차세대 에이스가 될 가능성이 큰 인재를 몇 명 채용하고 육성하는 것을 생각해보자. 어느 쪽이 합리적 선택일까.

우수한 인재야말로 우수한 사람을 찾아내 육성한다.

Chapter 16

MZ세대,
I 리더십이 아니라 WE 리더십

구세대는 강렬한 카리스마, 선명한 리더십을 지닌 톱다운 유형의 경영자가 많다. 물론 그 나름대로 성공을 가져다준다. 하지만 그들의 회사는 오너가 없으면 돌아가지 않는 조직인 경우가 많고, 차세대 리더가 성장하기 어렵다는 결점을 안고 있다. 사원들은 오너의 말에 순종하면 편하기에 스스로 생각해서 판단할 기회를 갖지 못한다. 한편 MZ세대 능력자는 초식 동물 경향이 강해 조직을 빠릿빠릿 이끌어가는 유형은 적다. 오히려 팀의 능력을 이끌어내어 그들이 자발적으로 생각하고 움직이게 하는 분위기를 조성해 업적을 향상시키도록 도와준다.

'우리 사장은 리더십이 약해서 우리가 오히려 잘해야 해.'

'사장 얼굴에 먹칠을 하면 되겠어?'

'우리 모두 회사를 위해 열심히 일하자고!'

위처럼 부하사원들이 사장을 위해주는 관계를 구축한 회사도 실제로 있다.

부하사원의 자발적 행위에 맡기는 만큼 MZ세대 능력자는 늘 현장을 주시한다. '주의 깊게 살펴보고 있다' '여러분을 믿고 있다'라는 메시지도 빼놓지 않는다.

맡겼으니까 스스로 생각하고 판단해도 좋다는 뜻이다. '사람을 움직이는'게 아닌 '사람이 자발적으로 움직이는, 사람이 스스로 움직이고 싶게 만드는' 리더십이라고 볼 수 있다.

부하사원은 일일이 간섭하지 않아야 성장한다.

MZ세대 능력자는 사원들을 뒤에서 받쳐주지만 일일이 간섭하지 않는다. 업무는 끝까지 맡긴다. 불안하다고 여겨도 따뜻하게 지켜봐주는 인내심이 있다. 그렇기에 리더가 카리스마, 적극적인 태도가 없더라도 사원들의 능력을 끌어올릴 수 있다. 우수한 사원도 성장이 빠르기에 자신의 능력을 꽃

피울 수 있고 평범한 사원이라도 스스로 생각해서 판단하게 된다. 하지만 구세대 리더는 거기까지 인내심을 발휘하는 사람이 많지 않다.

'안 되는 이유를 설명해 봐'

'입이 닳도록 말해야 되겠어?'

'그 정도는 스스로 생각해봐!'

화가 부글부글 끓는 나머지 이렇게 해! 라고 강제하거나 내가 하는 게 낫겠다며 즉각 간섭한다. 그런 취급을 받은 사원은 당연히 스스로 생각할 기회를 뺏기고 그런 것도 못하는 처지로 계속 남는다. 부하직원은 무슨 말을 해도 소용없다고 느끼고 지시를 받고 시킨대로 하면 된다고 생각한다. 스스로 아무 것도 결정할 수 없고, 아무 것도 할 수 없는 사원만 득실거리게 된다. 이쯤 되면 시간이 아무리 흘러도 후계자를 키울 수 없고, 오너도 현장에서 발을 뺄 수가 없다.

지금의 시대는 부하직원이 스스로 다가와야 한다는 생각은 완전한 착오다. 리더가 그들에게 다가가야만 한다. 비굴해지라는 의미가 아니다. 부하 직원에게 먼저 다가가는 배려심이 필요하다.

무작정 끌어당기지 말고 가까이 다가감으로써 부하직원을 성장시킨다.

Chapter 17

MZ세대,
성과보다 동기부여

돈이 있으면 대개는 해결되는 시대다. 그런데 일하는 사람들의 동기부여 방식에 대해서는 반드시 그 말이 들어맞지도 않는다. 자주 회자되지만 사람은 돈 만으로는 움직이지 않는다. 일시적인 일이라면 돈만으로 움직이는 사람이 많을 것이다. 반면에 몇 년 동안 계속 근무한다면 자신의 인생 일부를 그 회사에 바치는 셈이다. 금전적 보수는 머지않아 익숙해지기에 동기부여가 지속되지 않는다. 자신이 단지 노동하는 기계일 뿐이라고 여기거나, 주위에서 인정받지 못하거나, 더 이상 성장할 수 없다고 느끼면 곧바로 전직하는 게 요즘의 젊은 세대다. MZ세대 능력자는 자신이 경영하는 회사의 사원에게 금전적 보수에 더해 '어떤 것'을 추가로 부여한다. 그것은 감정적인 보수로 가령, 보람, 달성감, 명예 등이다.

'보람'은 저 사람을 따르게 되면 혹은 이 회사에 계속 있게 되면 좋은 일이 생길 것이라고 여기게 만드는 것이다. 그 방법으로는 여러 가지가 있다. 리더가 꿈을 계속 들려주는 것을 하나의 예로 들 수 있다. 이는 구세대가 잘하는 것이기도 하다.

'달성감'은 주어진 어떤 일을 해냈을 때 고객이 무척 고마워하거나 회사에서 인정해줌으로써 얻어지는 충실감을 말한다. 자신이 인정받는다고 느끼면 업무에 대해 부정적인 젊은이라도 잔업을 싫어하지 않고 다소 업무가 힘들어도 기꺼이 받아들인다.

칭찬함으로써 '이상적인 인재'로 끌어올린다.

'명예'는 가령 '표창제도'가 있다. 월간 MVP, 혹은 연간 MVP는 많은 회사에서 도입하는데, 단지 매출을 많이 올렸거나 고객 섭외 건수가 많다는 이른 바 숫자로만 측정되는 것만 있다고 생각하면 오산이다. 고객으로부터의 평가가 높은 사원에게는 고객 베스트상, 부하직원이나 후배 사원을 잘 챙기면 교육 베스트상처럼 사원들이 잘하는 역량(competency)을 표창하는 기업도 늘고 있다. 역량이란 우수한 사람에게 공통으로 보이는 행동 특성인데, 이를 표창한다는 것은 그 기업이 평가하는 인재가 과연 누군지를 명확히 보여준다는 뜻이다. 매출액처럼 숫자에 함몰되지 않고 그 배경에 있는 본인의 의욕과 진행 과정, 주위에 대한 공헌을 표창함으로써 회사가 사원들에게 무엇을 원하는지를 분명히 제시한다. 이럴 때 표창하는 이유를 이러저러한 역량 혹은 이러저러한 자세라고 구체적인 언급을 해주는 게 중요하다. 일반적으로 표창은 전체 사원들 앞에서 수여되기에 어떤 인재가 평가되는지, 회사가 어떤 점을 중시하는지가 확실히 드러난다. 그러면 사원들도 스스로 납득할 수 있다. 요즘은 사원 한 명도 빼놓지 않고 그에 걸맞는 상을 주는 기업도 있을 정도다.

표창은 돈이 많이 들지 않는다. 개인을 인정해주는 회사의 자세를 전달하는 게 중요하다.

한편 구세대는 근성을 중시하는 사람이 많다. 그래서 사원들의 동기부여를 경시하는 사람조차 있다. 내가 알고 지내는 구세대 경영인 중에는 다음처럼 사원들을 꾸짖는다.

'불평 말고 눈앞에 일에만 집중해!'

'여기가 집인 줄 알아?'

'아무튼 시키는 대로만 해!'

이런 회사의 이직률은 높고, 남은 사원은 예스맨뿐이다.

지금은 근성을 따질 시대가 아니라 내가 이 회사에서 성장할 수 있다는 확신 혹은 회사로부터 인정받음으로써 내가 자리를 잡을 곳이라는 안심감을 얻는 게 오래 일하게 만드는 동기부여가 된다.

사원을 키우려면 성과보다 그 행위를 평가한다.

Chapter 18

MZ세대,
워라벨이 의미 없는 이유는?

부자뿐 아니라 사회인 전반에 해당하는 것으로 나이가 많은 사람일수록 가족은 나 몰라라 하고 일에 몰두하는 유형이 많다. 그들의 시대는 아내라면 곧 전업주부이라는 가치관이 당연했기에 남편은 일, 아내는 가정이라는 역할 분담이 명확했다. 그 폐해가 일과 삶의 균형이라는 사회적 문제로 대두되었다. 가정을 소홀히 하면 그에 따라 여러 가지 알력이나 사회문제가 발생한다. 이 문제를 해결해보려고 일과 가정의 균형을 맞추자는 주장이다. 다만 구세대는 이 주장에 관심을 갖는 사람이 많지 않고 변함없이 일에 몰두한다.

한편 MZ세대는 일과 삶의 균형이라는 의식이 희박하다.

그 이유는 구세대와는 약간 다르다. 그들은 일도 적극적이지만 가정이나 육아에도 마찬가지로 적극성을 띤다. 일 때문에 가정을 희생한다는 발상 자체가 없다.

일이나 가정, 육아는 구별해서도 안 되고 부부 중 어느 누군가 부담을 혼자 지는 게 아니다. 일과 삶은 일체라는 의식을 갖고 있다.

일과 삶의 균형이라기보다는 통합(integration)이라고 간주하는 게 나을 것이다. 그 배경에는 몇 가지 이유가 있다. 맞벌이 부부의 형태가 사회적 주류를 이루면서 가사나 육아는 그 때 상황을 감안해서 가능한 쪽이 하면 된다는 가치관이 형성되었다. 부유층에 국한되지 않고 지금의 젊은 세대의 전체적 경향이라고 말할 수 있다. 그렇다면 MZ세대 능력자만의 특징은 과연 뭘까. 두 가지 점에 주목하고 싶다.

첫째, 그들이 IT를 활용해서 다양하게 일할 수 있는 시스템을 구축하고 있다는 것.

둘째, 아웃소싱의 활용에 저항감이 없다는 것.

본디 그들은 창업자이거나 경영자이기에 회사의 시스템을 자유롭게 설계하고 변경할 수 있다. 그러니 굳이 안과 밖을 구별하거나 일과 삶을 떼어놓는다는 발상 자체가 불필요하다. 자신의 형편이나 상황에 맞춰 회사 시스템을 바꾸기만 하면 된다. IT기술이 발전하고 다양한 서비스가 계속 생기는 지금 시대에 그것을 활용하면 훨씬 자유로운 일의 방식도 가능해진다. 유연하게 생각하면 새로운 아이디어가 샘솟는 법이다.

희생을 무릅쓰고 성공하려는 구세대, 모든 행복을 추구하는 MZ세대

내 지인 중에 일본 국내에 회사를 가진 경영자가 있다. 정작 그 자신과 가족은 미국에 살고 있다. 아이들 교육 때문이다. 미국에 사는 그는 어떻게 일본에 있는 회사를 운영할까, 궁금하겠지만 로봇을 사용해 사원들과 일상적으로 충분한 소통이 가능하다. 그 로봇은 바퀴가 달려 있는데 원격조정으로 자유롭게 이동시킬 수 있다. 사원의 책상에 다가가 말을 건넬 수도 있다. 로봇의 얼굴에는 액정 화면이 장착되어 있는데 그의 얼굴이 비춰진다. 서로 직접 대화를 주고받을 수 있다. 피와 살을 지닌 인간이 아니라 로봇과의 대화가 처음에는 어색할 수 있지만 인간은 환경에 적응이 빠르다. 그는 평소에는 미국의 자택에서 일을 하고, 일본에는 한 달에

한 번 꼴로 귀국한다. 그래도 회사는 별탈없이 잘 돌아간다고 한다.

그의 경우는 가족을 소중히 여기고, 아이의 교육 환경도 배려하며, 회사 사원들과의 소통도 원활하다. 그야말로 모든 행복을 갖는 삶이라고 말할 수 있다.

구세대의 입장에서는 좀체 그런 발상을 떠올리기 어렵고, 발상한다 해도 행동으로 옮기기가 쉽지 않을 것이다. 그들은 사원을 고용하고 사무실도 구비하며 자신도 출근해서 틈날 때마다 지시하는 게 당연하다는 사고방식이 여전히 뿌리 깊다. 물론 사원들과 직접적 소통도 중요하다. 다만 양육과 일을 병행할 경우, 오너가 늘 출근해야 회사가 잘 돌아간다면 여러 가지 제약에 부딪칠 것이다. MZ세대 능력자는 발상 자체를 바꾼다. 그 자리에 내가 없어도 업무가 원활히 진행될 수 있다면 IT이던, 로봇이던 어떤 것이라도 활용해본다. 잘 안되면 다른 방법을 찾아보면 된다는 발상을 갖고 있다. 그러니 이것 때문에 저것을 포기하지 않겠다는 생각을 꾸준히 한다.

자신의 자원을 어디에 배분해야 최적일까.

MZ세대 능력자에게는 가사와 육아는 여성의 역할이라는 종래의 고정 관념이 없다. 그들에게 육아는 자신의 인생 중 하나라는 분명한 가치관이 있고 배우자에게 일방적으로 맡기지 않는다. 그 가치관을 실현시키려고 그들이 취하는 방식이 적극적인 아웃소싱의 활용이다. 선진국에서는 맞벌이 세대가 많아서 베이비시터, 하우스 키퍼를 고용하는 게 당연하다고 여기듯, MZ세대 능력자도 마찬가지로 돈으로 외부의 힘을 빌려 자신만의 시간을 따로 창출한다.

그들에게는 타인이 내 집에 들어오는 게 싫거나, 베이비시터에게 맡기면서 아이를 불쌍하게 여겨지거나, 부모의 간호는 가족이 꼭 해야 한다는 가치관이 없다. 아웃소싱에 맡기면 가사나 육아, 부모의 간호 때문에 자신이나 배우자의 사회적 경력을 희생하지 않아도 된다. 그로 인해 창출된 시간은 일을 더 할 수도 있고, 가족과의 단란함을 유지하는데도 여유가 생긴다.

'돈이 있어야 그것도 가능하겠지'라고 반문하는 사람도 있겠지만 꼭 그렇지는 않다.

'자신의 한정된 자원을 어디에 배분해야 가족이 행복할까'라는 지극히 합리적인 태도만 가지면 된다.

구세대 혹은 보통 사람들은 다음처럼 생각하기 쉽다.

'이것을 얻으려면 저것을 포기해야만 한다. 희생시켜야만 한다.'

물론 세상살이는 대부분 그렇게 돌아간다. 뭔가를 선택하면 그 이외의 선택은 포기할 수밖에 없기 때문이다. 하지만 거기서 생각을 멈추어서는 안 된다. 어떡하면 양립할 수 있을까를 심사숙고해서 나름대로의 해결책을 찾아내는 상식 파괴적인 발상을 떠올리는 게 바로 MZ세대 능력자이기 때문이다.

어떤 희생도 없이, 행복할 수 있는 방법을 찾아본다.

Chapter 19

MZ세대,
세상에는 성별이 없다!

5장에서 자세히 언급하겠지만, 구세대 부자는 배우자가 전업주부에 전념하길 바라는 사람이 많다. 반면에 신세대는 배우자가 비즈니스 분야에서 활약하는 것을 응원하는 사람이 많다. 전업주부가 대세였던 시대와 지금처럼 맞벌이 부부가 대세인 환경의 차이가 클 것이다.

구세대는 남녀 역할에 대해 오래된 가치관을 갖고 있는데, 가령 남자는 남자다워야 하고, 여자는 여자다워야 한다는 것이다. 그들이 경영하는 회사의 분위기에서도 잘 나타난다.

신세대와 구세대를 비교해봤을 때, 신세대가 여성 사원 배려에 더 힘을 쏟는다.

내 지인 중에 신세대 경영자 대부분은 유능하다면 남녀 구별 없이 발탁한다. 물론 구세대 중에서도 그런 사람이 늘고 있지만, 신세대는 창업 초기부터 여성의 활약을 지원하는 시스템을 도입하는 경우가 많다. 자녀를 데리고 출근하도록 장려하는 사장, 본인(남성)이 먼저 자녀를 데리고 출근한다는 이야기도 들은 바 있다. 그는 창업 초기에 회사가 소규모일 때도 아이들의 휴게소, 여성 탈의실 겸 휴게실을 설치했다고 한다.

또 다른 신세대 경영자(이 또한 남성)는 여성 사원 중 한 명이 출산 후에 다시 업무에 복귀할 수 있냐는 상담을 받았다고 한다. 그녀는 복귀하면 정시 근무가 아닌 단축 근무를 원했다. 그는 망설이지 않고 그렇게 해주겠다고 약속했다. 게다가 월급도 줄이지 않고 그대로 지급하겠다니 듣는 나로서는 약간 놀랐다.

결단을 내린 그의 입장은 이렇다.

"우수한 여성이라면 10시~16시의 단축 근무라도 9시~17시까지 근무하는 사람과 비슷하던지 그 이상의 역량을 발휘한다. 그렇다면 정규 사원급의 월급을 지불하는 게 아무런 문제가 되지 않는다."

또한 회사가 그러한 방침(역량이 있으면 육아를 병행하면서 수입도 줄어들지 않고 일할 수 있는)을 이번 기회에 사내에서 공표할 수 있었다는 점도 좋았다고 한다. 그렇게 일하는 방식도 있네, 라고 다른 여성 사원도 안심을 하게 되고, 육아와 일을 양립할 수 있는 회사, 오래 일할 수 있는 회사라고 여기게 만든다. 이는 우수한 여성 사원이 회사를 떠나지 않게 만드는 하나의 비결이 된다.

장기근속 사원이 떨어져나가지 않게 한다.

그렇다면 미혼 여성이나 자녀가 없는 여성 사원은 불공평하다는 불만이 새어나오지 않을까. 그에게 물어보니, 단축 근무나 정상 근무에 관계없이 어디까지나 성과에 따른 평가를 하는 게 전제 조건이라고 한다. 매년 새롭게 평가한다는 점을 사원들에게 분명히 설명하는 게 중요하다는 것이다. 그는 왜 그토록 여성 사원을 배려할까.

회사의 업무에 숙달되고, 회사 분위기를 나름대로 이해한 사원이 오래 근무하는 것은 비용의 측면뿐 아니라 업무의 노하우를 계승하는 한편 회사의 성장에 필수적이라는 것이다.

게다가 그 여성들은 몇 년씩 근무했기에 회사뿐 아니라 고객에 관한 것도 잘 알고 있다. 남녀에 관계없이 오랫동안 일하게 만들어줘야 한다. 회사 시스템에 무리하게 맞추지 말고 사원 각 자에 맞추는 한이 있더라도 일하기 편한 환경을 조성하는 게 합리적이라는 게 그의 주장이다. 다소 극단적으로 들릴지 몰라도 MZ세대 능력자가 되기 위한 조건 중 하나가 여성의 활약을 응원할 수 있는지의 여부가 될지도 모른다.

앞으로 성장할 기업의 가치관은 '회사를 사원에게 맞추는 것'

3
PART

MZ세대,
굳이 연연하지 않는
생각 습관

Chapter 20

MZ세대,
내성적 리치의 시대가 온다.

구세대 경영자의 대다수는 외향적 성격에 정열도 만만치 않다. 카리스마가 있다고 바꿔 말해도 큰 지장은 없다. 내 주위의 구세대 경영자를 살펴보면 배포가 크고 사람들을 즐겁게 해주는 화술이 탁월하다. 접대 방식도 뛰어나고 서비스 정신도 왕성하다. 그들이 있으면 그 자리는 어쨌든 분위기가 살아난다.

그들을 보면 외향적인 사람이 성공할 것 같은 인상을 받는다. 하지만 산업구조의 변화가 이를 과거의 유물로 만들었다. 인터넷 전성기가 되니 온라인 소통이 주류가 되었다. 그러니 성격이 외향적이든 내성적이든 차별화가 쉽지 않다.

오히려 내성적인 사람이 활약할 수 있는 환경이 만들어졌다. 스마트폰 앱을 떠올리면 이해하기 쉬울 것이다. 앱이 히트치려면 재밌는지 시시한지 혹은 편리한지 불편한지가 관건이다. 앱 제작자의 인격과는 상관없다. 집에서 한 발자국도 바깥으로 내딛지 않는 비사교적 성격이라도 재밌는 앱을 만들면 돈을 벌 수가 있다. 만화나 소설도 마찬가지. 극히 일부의 유명인을 빼놓고는 만화가, 소설가가 사람들 앞에서 말을 많이 하는 것을 본 적이 거의 없을 것이다. 얼굴조차 모르는 사람이 대부분이니까.

특히 인터넷 환경과 친화성이 높은 창작의 세계에서는 내성적인 사람일수록 재능을 발휘하기 쉽다. 일러스트, 디자인, 글, 사진, 작사와 작곡, 미술, 공예처럼 인터넷 환경에서 매매가 가능한 일은 창조력과 상상력이 중요하지 본인이 카리스마를 지니고 있는지의 여부는 전혀 불필요하다. 그래서인지 IT 분야, 창작분야에서 활약하는 MZ세대 능력자는 내성적이고 자신을 외부에 노출시키지 않는 사람이 적지 않다. 물론 사교적인 사람도 있지만 초식계가 대세라는 인상이 강하다.

내 지인 중에도 만화가, 작가가 있는데 대개는 내성적이다. 굳이 표현하자면 '오타쿠(특정한 대상에 집착적 관심을 갖는 사람들-옮긴이)'다. 이전과는 판이하게 오타쿠가 자신만의 일로 활약할 수 있는 시대인 것이다.

오타쿠도 활약할 수 있는 시대

오타쿠가 활약하는 분야는 프리랜서가 많기에 통계상으로는 좀체 잡히지 않는다. 그래도 알게 모르게 연수입 1억 원에서 10억 원 이상을 벌어들이는 사람이 꽤 많다. 나도 글을 쓰는 사람의 한 명으로서 비즈니스 관련 책을 쓴 작가를 많이 알고 지내는데, 그 중 한 명은 집에서 거의 안 나오는데다, 사람들과 별로 만나고 싶지 않다고 말한다. 그는 책 인세만으로 연수입 10억 원이 넘는다.(그는 SNS에서 자신이 쓴 책의 증세 정보를 업데이트하기에 대충 인세율을 계산할 수 있다) 거기에 칼럼 집필, 유튜브 동영상에서 얻는 제휴 광고 수입까지 합치면 연수입 15억 원은 될 것으로 추정된다. 그에게 원가를 따진다면 자신의 시간뿐이다.

다른 지인의 경우는 연간 300회 강연을 하는데, 나 자신도 오타쿠이지만 그는 오타쿠 중에서도 최상위 레벨이다. 이전에 함께 식사를 한 적이 있는데 대화가 전혀 이어지지 않아 답답한 점심시간이 되고 말았다. 그 이후 우리 둘만 만나는 경우라면 웬만하면 기피한다.

그가 강연할 때는 전혀 다르다. 입에서 말이 술술 나온다. 자신만의 콘텐츠로 강연하기에 상대에 굳이 맞추지 않아도 된다. 강연 1회 당 200만~500만 원을 받으니까 그 평균인 350만 원으로 따져도 역시 연수입 10억 원이 넘는다. 기업 컨설팅도 병행하니까 실제로는 더 많이 벌 것이다. 그는 비서 한 명을 고용하고 있지만, 만일 연봉을 5천만 원 이상 줘도 10억 원 이상은 버는 셈이다.

큰 돈벌이를 하려면 꼭 책을 쓰거나 강연을 하라는 뜻은 아니다.

이전에 어떤 밴드에 속한 여성 보컬리스트의 확정신고서를 본 적이 있다.1980년 중반에 활동한 밴드로 그녀는 나중에 전업주부가 되었지만 연수입이 10억 원 이상이었다. 그 내역은 거의 음반회사에서 받는 인세였다. 그녀가 작사와 보컬을 맡았기에 거기에 따른 인세라고 추측된다. 자신이 작사한 노래가 가라오케에서 불려지고 매장의 BGM으로 선곡될 때마다 돈이 들어온다. 그야말로 자동현금제조기이다. 곡이 한 번 히트 치면 그것만으로 십수 년이나 먹고 살 수 있는 음악 인세의 위력을 느끼고 나도 놀랐을 정도다.

보컬리스트였던 그녀의 사례는 특수할 수도 있다. 다만 나는 외향적이던 내성적이던 콘텐츠 창작자는 다양한 방법으로 돈을 벌고 있다는 점을 말하고 싶은 것이다. 제휴 광고를 예로 들겠다. 가령, 카리스마 블로거가 소개했더니 폭발적으로 팔린 화장품이 제법 있다. 양질의 콘텐츠를 제작하게 되면 거기서 언급된 상품 관련 보수가 어마어마하다. 나도 등록한 제휴 광고 회사는 매년 제휴 광고 관련자가 받는 금액의 랭킹을 발표한다. 상위 랭킹은 수억 원에서 10억 원 이상을 번다. 돈 버는 사람은 표시가 안 나도 여기저기 있는 법이다.

혹여 자신이 내성적 혹은 오타쿠라고 생각되면 IT나 창조적 분야에 도전해보는 게 어떨까싶다.

내성적인 사람은 오히려 인터넷 비즈니스에 적합하다.

Chapter 21

MZ세대,
죽도록 노력해도 노력이라 여기지 않는다.

'노력이야말로'라고 생각하는 사람이 적지 않을 것이다. 특히 구세대는 노력이라는 말 자체를 아주 좋아한다. 노력이 부족한 젊은 세대는 그들에게 꾸중을 듣기 십상이다. '죽을 각오로 노력해라' '앞뒤 가리지 말고 덤벼라' '지금은 힘들지만 참고 견뎌라….'

서점에서 그런 내용의 자기계발 책을 살펴보면 저자는 거의 구세대다. 하긴 노력해서 얻은 성공체험이라 그러려니 수긍은 간다. 지금 시대에도 그런 주장은 얼마간 통용되기에 전부 부정하지는 못한다. 한편 MZ세대 능력자는 그러한 뜨거움이 없다. 있다고 해도 가슴 속에 감추고 있다. 그렇다면 MZ세대 능력자는 노력을 하지 않을까. 곁에서 바라보면 그들이 하는 일은 노력 그 자체이지만 본인에게는 노력하고 있다거나 열심히 하고 있다는 감각이 없다는 표현이 적절할 것이다. 열심히 하자거나, 노력해보자고 스스로 다독이지도 않을 뿐더러 타인에게도 말하지 않는다. 본인이 열심히 노력하고 있다는 걸 주장하려는 생각도 애당초 없다. 그렇게 열심히 노력했는데 수포로 돌아갔다고 한탄하지도 않는다.

왜냐하면 그들은 자신이 하고 싶은 것, 흥분되고 기대되는 것, 사명감을 느끼는 일을 하고 있는데다 그 일에 몰두하기 때문이다. 자기 일에 열중하기에 오랜 시간 일해도 힘들지 않다. 동기부여를 찾아 이리저리 헤매지도 않는다.

'노력하고 있다'고 느껴지지 않으려면

또한 그들은 참는다거나 하고 싶지 않은 것은 철저히 피한다. 하고 싶은 것만 하고 하고 싶지 않은 것은 타인에게 일임하거나 아웃소싱을 준다. 하고 싶은 것만 한다. 그렇기에 늘 일에 몰두할 수 있고 자신의 일에 대해서도 지속적으로 열정을 가질 수 있다.

훌륭한 성과를 내는데 필요한 요소는 뭘까.

'그 일이 너무 하고 싶기에 내가 직접 한다'는 열정적인 충동, 그렇기에 강력한 집중력을 낳는다.

그 상태에서는 열심히 하고 있거나 노력하고 있다는 느낌이 없다. 이른바 러너스 하이(Runner's High)같은 상쾌한 기분에 젖어든다. 집중력이 떨어지면 찾아오는 게 있으니 바로 '충족감'이다.

만일 자신의 일이 시시하거나 혹은 지루하게 느껴지거나, 불완전연소의 느낌이 자주 든다면 왜 그 일을 선택했는지 자문해보는 것도 좋을 것이다. 재밌을 것 같아서, 해보고 싶어서였을 것이다. 어쨌든 다른 일보다 낫다고 생각했을 것이다. 너무 하고 싶어서 시작했는데 지금 자신이 하는 일에 대해 내가 몰입하고 있다는 열정이 과연 살아있는지 의문이 들거나, 이토록 노력했는데도 아무 성과나 보상이 없다고 여긴다면 자신의 일에 대한 태도 혹은 일 그 자체를 한번 쯤 재고해보는 것도 좋을 듯하다.

'그 일이 꼭 하고 싶다'는 열정을 기반으로 일에 임해야 충족감이 얻어진다.

Chapter 22

MZ세대,

윗세대를 이해하면 벌써 뒤쳐진 것이다.

MZ세대 능력자는 어른들을 존경하지 않는다. 그야 겉으로는 예의를 지키지만 마음속으로는 거의 무시한다. 구세대의 가치관은 시대착오라서 지금 시대에 통하지 않는 것이 많기 때문이다. 예를 들자면, 구세대의 가치관 중 하나는 성공할 때까지 우직하게 일하거나 포기하지 말라는 것이다. 전부 부정할 수는 없지만 별 생각 없이 우직하게 해본들 성과가 나온다는 보장은 없다. 잠깐 내 사례를 들자면 나도 우직하게 밀어붙이라는 조언을 들은 적이 있다.

'전단지를 만들어 역 앞에서 뿌려!'

'아파트 우편함에도 빠짐없이 넣고!'

당시는 존경하던 인물이라 의심 없이 시도해보았지만 성과는 제로였다. 전단지의 내용을 조금씩 수정하면서 지역도 바꿔보았지만 이 또한 마찬가지였다. 이름 없는 중소기업(게다가 자산운용 세미나 개최의 광고였다)의 전단지였으니 오히려 사람들이 이상하게 여겼을지도 모른다.

가령, 요리의 세계에서는 여전히 접시닦이 O년, 기본 요리 O년을 거쳐야 데뷔할 수 있는데 신세대의 눈에는 시간 낭비로밖에 비춰지질 않는다. 단기집중해서 요리를 배워 바로 가게를 오픈한다. 고급식재료, 훌륭한 맛에 매달리기보다는 가게의 콘셉트, 마케팅에 집중하는 게 경영자로서 더 잘하는 방식이라고 생각한다. 인스타그램에 사진을 게재하면 공짜 광고도 된다.

비즈니스에 우직함이 불필요하다는 뜻은 아니다. 효과적인 전략을 짜놓지 않고 무조건 우직하게 밀어붙이면 원하는 결과가 나오지 않는다. 포기하지 않으려면 당연히 조건이 따른다. 연구개발의 분야처럼 예외도 있지만 동업타사에 비해 우위에 서지 않으면 포기하지 않고 아무리 기를 써 본들 머지않아 자금이 고갈될 뿐이다.

어떤 상식도 언젠가는 시대에 뒤떨어진다.

MZ세대 능력자에게 몇 년이 지나 오랜만에 연락해 봐도 그들이 일하는 분야는 똑같지만 비즈니스 모델을 바꿔가면서 변함없이 돈벌이를 하는 사람들이 적지 않다.

가령 정보 제공 비즈니스(돈버는 노하우를 PDF나 동영상으로 판매)로 한몫 잡은 어떤 창업자는 처음에는 자신이 콘텐츠를 만드는 입장이었는데, 그 다음에 만나보니 콘텐츠를 소개하는 방향으로 바꿨다. 지금은 사업자와 이용자를 연결해주는 매칭 사이트에서 콘텐츠 판매로 바꾸었고 여전히 그의 사업은 건재하고 있다.

또 다른 예를 들어보겠다. 그는 도쿄시에서 음식점을 운영하고 있다. 그는 처음에 런치와 디너 메뉴를 제공하는 평범한 이탈리안 레스토랑을 운영했다. 하지만 인건비, 남는 식자재가 골칫거리였다. 런치, 디너 메뉴를 그만두고 밤에 열리는 파티, 모임으로 전환했다. 완전 예약제라서 식자재 손실을 최소한으로 줄일 수 있었다. 그 후에는 경기에 좌우되기 쉽다는 이유로 파티, 모임도 그만두었다. 그리고 파티에서 호평을 받았던 디저트인 오리지널 케이크 하나만 살리기로 했다. 케이크도 가게에서 직접 팔거나 택배로만 가능하게 했다. 가게 내의 음식 서비스도 없앴다. 인건비와 임대

료도 대폭 줄일 수 있었고 식자재 관리도 마케팅도 최종적으로 '하나'에 집중할 수 있었다. 이익률도 올랐고 보다 고품질의 식자재를 사용할 수 있게 되면서 차별화도 만들어냈다. 가격이 비싸도 선물용으로 인기가 높아 잘 팔리고 있다고 한다.

그는 케이크 하나로 연수입 10억 원 이상을 벌고 있다.

처음에는 투자를 한 사람, 곁에서 응원해주는 사람(구세대)들로부터 그러면 레스토랑이라고 부를 수 없지 않느냐, 밤의 영업이 객단가가 높다는 이유로 맹렬한 반대에 부딪쳤다고 한다. 하지만 주위의 충고를 그대로 받아들였다면 언젠가 폐점했을지도 모른다.

구세대가 신세대의 가치관을 못마땅하게 여기면서 '요즘 젊은이들은…'라고 한숨을 내쉬지만, 어느 시대고 되풀이된 광경일 뿐이다. 그렇다고 구세대 가치관을 전부 무시하라는 뜻은 아니다. 그 중에는 보편적인 진리도 있기 때문이다. 하지만 밑 세대의 과제는 윗세대를 초월하는 것이다. 초월하기 위해서는 아마도 발상 자체를 완전히 뒤바꿀 필요가 있는 상황에 자주 맞닥뜨릴지도 모른다.

연장자가 이해할 정도면 더 이상 앞으로 나가지 못하고 있는 상태라는 감각을 갖고, 지금의 시대에 맞지 않는다고 여기면 당당히 윗세대의 가치관을 부정하면 그뿐이다.

새로운 시대의 파도에 올라타고 싶으면 구세대의 가치관은 무시한다.

Chapter 23

MZ세대,
침해하지 않고 침해받지 않는다.

내 주위의 구세대 부자는 상대의 입장을 고려하지 않는 사람이 제법 많다.

1장에서 언급한 '전화'에 관한 내용과도 무관하지 않다. 갑자기 전화를 걸어오는 경우가 가끔 있는데 그들이 젊었을 때는 예약도 없이 남의 사무실을 찾아가 무작정 영업한 경험이 많기 때문이다. 상대는 아무런 사전준비도 해놓지 않았고 검토할 시간도 없었는데 갑자기 "어떻게 생각하나요?"라는 질문을 받으면 제대로 판단을 내릴 수가 없다. 물론 그렇게 밀어붙여서 거래를 성사시키려는 의도가 구세대의 노하우이기도 하다. 내 지인 중에도 '걸어다니는 접착제'라고 불리는 60대의 경영자가 있다. 그는 누군가와 면담하면 그 사람의 곤란한 사정이나 문제를 능숙하게 이끌어낸다. 그가 보유한 방대한 거래처 중에서 그 문제를 해결할 수 있는 곳을 찾아내 서로를 연결시켜주고 수수료를 받는다.

그는 "잠깐 커피라도 한 잔하지요." "정보 교환을 하고 싶은데요." "파티에 오지 않을래요?"라고 갑자기 전화를 걸어 반강제적으로 상대와 만날 기회를 만든다. 게다가 반드시 거래를 성사시키는 탁월한 능력이 있기에 괜히 '걸어다니는 접착제'가 아니다.

거래 때문은 아니지만, 이 근처에 오는 바람에 잠깐 얼굴이나 볼까 싶어서, 라며 곤란하게 만드는 사람도 있다. 자기 입장만 생각한다. 본인에게는 '잠깐'이지만 상대의 시간을 뺏는다는 개념이 없다. 만일 일 때문이라면 목적이나 주제를 사전에 공유하지도 않았는데 일단 한 번 만나자는 건 아무런 의미가 없다. 목적이 없으면 유익한 결론이 나지 않을뿐더러 주제가 없으면 그저 잡담으로 끝날 뿐이다.

초과근무나 장시간 업무가 일상적인 사람도 문제가 있다. 아직 시간이 있다고 여기기에 시간 감각이 느려터진다. 쓸데없이 동료에게 말을 걸어 상대의 시간을 뺏는다. 상대도 똑같이 느려터진 시간 감각을 갖고 있다면 별 문제는 없다고 생각할 수도 있지만 과연 성과적인 측면에서 효과적일지 의문이 든다. 회의나 미팅의 경우도 마찬가지다. 회의에 늦게 참석하는 사람은 자신이 얼마나 회사에 손해를 끼치는지 생각조차 하지 않는다. 자신을 기다리고 있던 사람들의 시급을 전부 합하면 얼마가 될지를.

시간관리능력이 신용을 끌어올린다.

한편 MZ세대 능력자는 시간 관리에 엄격하다. 자신의 시간뿐 아니라 타인의 시간도 소중히 여긴다. 그들은 사람들과 만날 때, 이러저러한 건으로 미팅을 갖고 싶어서 자료를 첨부한다고 사전에 대강 전해주기에 잡담이 필요 없고 대화가 매끄럽게 진행된다. 중요한 논점은 상대도 이미 생각해두었기에 구체적인 미팅을 가질 수 있고 결론에도 속도가 붙는다.

타인의 시간을 존중해주는 사람은 상대에게 신용을 얻는다. 자신의 시간도 유효하게 쓸 수 있다. 반대로 상대의 시간을 뺏는 사람은 여러 기회도 놓친다.

MZ세대 능력자는 어찌보면 자기 방식을 제멋대로 주장하는 것처럼 보인다. 하지만 자신의 주장을 당당하게 말하는 것과 멋대로 타인의 시간을 침범하는 것을 분명하게 구별한다. 시간뿐 아니라 공간이나 가치관 등 상대의 영역을 침범하지 않는다. 상대를 존중하기 때문이다. 그렇기에 타인에게 자신의 영역도 침범 당하지 않고 자유롭게 살 수 있다.

자기책임이라는 의식과 상대를 존중한다는 자세를 늘 갖는다.

Chapter 24

MZ세대,
뺄셈 방식이 아니라 덧셈 방식

세상에서 통하는 진리 중 하나는, 뭔가를 더하려면 그만큼 빼야한다는 것이다. 가령 새 옷을 사면 이미 가진 옷을 버려야 옷장에 넉넉히 수납할 수 있다고 생각하면 이해하기 쉽다. 이는 시간에도 해당한다. 타인에게 뭔가 부탁받는다고 치자. 그것을 우선적으로 처리하면 원래 하려고 했던 것을 할 시간이 줄어든다. 만일 직장에서 그런 경우가 생기면 잔업을 해야 하고 부탁받은 일을 하는 대신 자신의 개인적인 시간은 손해를 본다.

또한 새로운 습관을 들이려면 낡은 습관을 버려야 한다는 말도 자주 회자된다. 가령 업무를 끝내고 피트니스 클럽을 가거나 취미 생활을 시작했다고 치자. 그러려면 잔업을 줄여야 한다. 이참에 아침에 남보다 일찍 출근해서 업무를 보자고 마음먹는다. 그러려면 밤에 일찍 자야 한다. 그러려면 저녁에 스마트폰으로 SNS에 매달리는 시간을 줄여야 한다. 여하튼 다른 것을 계속 조정할 필요가 계속 생긴다. 안 그러면 피트니스 클럽이나 취미 생활도 잔업 탓에 못 하겠다고 고민하다가 결국 귀찮아 지면서 포기할지도 모른다.

구세대의 시간 관리 노하우는 기본적으로 뺄셈 방식이다. 뺄셈 방식은 중요한 업무를 우선으로 처리하고 그것을 중심으로 다른 업무를 진행하는데, 중요도가 낮은 업무는 나중으로 미루거나 아웃소싱을 주거나 혹은 포기하는 사고방식이다.

스케줄 관리를 떠올리면 이해하기 쉽다. 중요한 계획을 먼저 배정해놓고 남은 시간 내에서 다른 계획을 조정하면 중요한 계획을 놓칠 염려가 없다. 창작 활동을 하는 사람이 자주 사용하는 방식으로, 집중할 수 있는 시간대에 약속을 일절 잡지 않고 이메일이나 전화 통화도 하지 않는다. 본인이 창작에 전념할 수 있는 시간을 최우선으로 확보해둔 후에 다른 일정이나 계획을 잡는다.

돈의 관리도 마찬가지. 생활비에 쓰고 남은 돈을 저축하기란 꽤 어렵다. 가령 월급이 들어온 시점에서 저축하려는 금액을 먼저 빼놓고 남은 돈으로 생활하면 자동적으로 저축할 수 있다.

덧셈 방식의 시너지 효과

한편, MZ세대 능력자의 특징은 덧셈 방식의 경향이 뚜렷하다는 점이다.

덧셈 방식은 관련된 비즈니스를 서로 조합해 시너지 효과를 발휘하게 만든다.

구세대가 부자가 되었던 시대는 한 가지 사업에만 집중하면 성장할 수 있었기에 시너지 효과를 생각하지 않아도 되었다. 가령, 내 지인 중에 자동차 운전면허 학원을 운영하는 사람이 있는데 20~30년 전에는 제2차 베이비 붐 시대를 맞이해서 웃음이 절로 나올 만큼 경기가 좋았다. 하지만 아이를 적게 낳는 지금은 자동차 운전면허를 따려는 젊은이들이 줄면서 탁아소를 갖추거나 심야까지 영업함으로써 나름대로 궁리를 거듭하고 있다.

또 다른 지인도 구세대로서 대규모 세무사 법인을 운영한다. 수십 년 전부터 개척해온 고객을 기반으로 조부 때부터 이어져 내려왔다. 많은 고객을 확보하고 있기에 큰 고생 없이 많이 벌고 있는 모양이다. 고객은 대부분 중소기업이다. 중소기업이 세무사를 바꾸려면 꽤 복잡한데, 사업의 특성이나 과거의 실적, 주거래 은행과의 관계를 처음부터 다시 새로운 세무사에게 설명해야만 한다. 그래서 경영자가 2대에서 3대로 바뀌어도 그의 세무사 법인은 계약을 유지하는데 어려움이 없다. 또한 수도공사를 하청받는 지인도 있는데, 그 또한 수십 년 전부터 운 좋게 공공사업의 지정업자가 된 덕분에 그 실적을 기반으로 사업을 확장했다고 한다. 택지 개발이나 노후된 수도설비의 갱신은 여전히 수요가 있기에 앞으로도 크게 걱정할 일은 없어 보인다. 좋았던 옛 시절에 얻은 이권은 든든한 위안이 된다.

전략적 제휴로 부모에게 물려받은 이권을 강화한다.

하지만 비즈니스가 세분화되고 인터넷 공간에서 각종 노하우가 확산, 모방되는 지금 시대에 새로운 비즈니스로 참여하려는 창업자는 단순히 기존의 비즈니스 스타일만으로는 시장에 진입하기가 어렵다. 위에 언급한 세무사 법인처럼 이미 수확물을 싹 거두어간 시장에 신입 세무사가 무작정 들어간다고 될 일이 아니다. 게다가 세무사 합격자는 매년 늘어만 간다. 세무사는 정년퇴직도 없을 뿐더러 그 후계자가 계승하기에 빈자리가 생기지도 않는다. 즉, 갈수록 경쟁만 심해질 뿐이다. 그래서 MZ세대 능력자는 타업종과 전략적 제휴 같은 시너지 효과를 염두에 둔다. 가령, 세무사는 부동산회사와 제휴해서 상속에 관한 의뢰를 더 많이 받을 수 있다. 상속세 신고는 세무사의 업무 분야다. 상속 때문에 부동산을 매각하면 부동산업자도 돈을 벌기에 상속세 신고 수수료를 포함해 중개 수수료도 받는다. 내 지인 중 세무사가 있는데 그는 노무사, 사법서사, 행정서사와 제휴를 맺고 서로의 고객을 소개시켜줌으로써 원스톱 서비스(One Stop Service-여러 과정에 걸쳐 처리해야할 업무를 한 번에 처리하는 서비스)를 구현하고 있다. 덧셈 방식은 비단 비즈니스뿐 아니라 개인의 역량에도 효과적이다.

대표적 사례가 영어. 아무리 애써서 영어를 배워도 어릴 때부터 영어권에 살다가 귀국한 사람들에게는 당하지 못한다. 영어라는 하나의 스킬만 놓고 봤을 때, 나보다 잘하는 사람이 무수히 많다. 차별화가 어렵다. 하지만 영어에 회계 지식을 더하면 어떨까. 영어와 회계를 동시에 잘하는 사람은 드물다. 외국인 투자 기업의 재무팀에서 활약할 가능성이 커진다. 또한 영어를 잘하는 사람이 마케팅도 능숙하면 업무의 범위가 넓어지고 전직할 곳의 선택지도 늘어난다. 물론 어떤 분야라도 다 들어맞는 건 아니다. 조합해서 시너지 효과를 낼 수 있는 것을 의식적으로 생각하면 강력한 동기부여가 될 것이다.

서로 다른 업종의 덧셈으로 새로운 가치를 만들어낸다.

Chapter 25

MZ세대,
성공 체험을 수평으로 확장

MZ세대 능력자는 자신의 성공체험을 수평 전개한다는 특징이 있다.

수평전개는 어떤 분야의 성공 체험을 다른 분야에 응용하는 것. 반면에 동일한 사업 영역의 상류나 하류에 응용하는 것은 수직전개라고 말한다. 어느 정도 성공체험을 반복해서 쌓다보면 자신만의 그라운드가 보인다. 그러면 신규사업으로 수평 전개시켜 사업을 확장한다. 자동차 판매 영업으로 톱 세일즈가 된 사람이 보험 영업으로 전직해도 톱 세일즈가 되는 경우가 많다. 어떡하면 성공할지에 대한 자신만의 그라운드를 확보하고 있기 때문이다. 텔레마케팅이든 방문영업이든 세미나영업이든 자신만의 노하우가 축적되면 다른 분야라도 유연하게 대응할 수 있게 된다. 장기를 잘 두는 사람은 바둑이든 체스든 얼마간은 남들을 금세 따라잡을 수 있다.

한편, 구세대도 자신의 성공체험으로 밀어붙인다는 공통점은 있지만 수평전개가 서툴다. 구세대의 신규 사업이 실패하기 쉬운 이유는 그 사업으로 돈 번 사람이 있으니까 나도 벌 수 있다는, 단지 흉내일 뿐인 생각으로 참여하는 사람이 적지 않기 때문이다.

남들이 따라하기 쉬운 사업은 참여할 수 있는 장벽이 낮다. 비슷한 생각을 가진 사람들이 한꺼번에 몰려들면 경쟁이 심해진다. 그러다 시장 자체가 도태될 가능성이 높다. 살아남는 사람이 몇 안 된다. 휴대폰이 보급되기 시작할 즈음에 한꺼번에 매장이 난립했다가 어느 새 자취를 감춘 사례를 보면 알 수 있다.

또한 구세대는 본업을 중시한 나머지 본업과의 시너지 효과, 본업으로 획득한 노하우의 수평 전개를 무시하는 경우도 있다. 지인 중에도 본업은 부동산 사업이지만 정부의 보조금을 받을 수 있다는 이유로 아동발달지원시설을 설립했다가 일할 사람들이 지원하지 않아 폐업한 경우도 있다. 또 한

번은 IT 시스템을 판매하는 회사의 사장으로부터 정수기 판매를 개시한다는 연락을 받은 적도 있다. 몇 년 후 홈페이지를 살펴보니 그 정보는 사라지고 없었다. 잘 안 됐다는 뜻이다. 신규 사업을 본업과는 전혀 관계없는 분야로 부업삼아 돈벌이를 하려는 발상 즉, 부업감각이라는 애매모호한 발상으로는 성공하기 어렵다.

어떤 영업맨의 도전

지인 중에 다이렉트 메일 광고 영업(고객에게 직접 홍보물을 발송해서 광고하는 마케팅-옮긴이)으로 창업해서 성공한 사람이 있다. 그에게 직접 들은 이야기인데, 지금부터 20년 전의 일이다. 당시 그는 보험사의 영업직이었지만 발로 뛰는 영업은 젬병이었다. 그래서 다이렉트 메일(DM)을 보내는 방식으로 바꾸었다. 가능성이 있을법한 고객에게 팩스로 DM을 보내고 반응을 보인 고객만 방문해서 계약을 체결하는데 애썼다. 그는 내용을 조금씩 바꾼 DM을 준비해서 지역 특성에 맞춰서 따로 보냈고 어떤 DM에 고객의 반응이 좋았는지를 테스트했다. 그런 후에 새로운 지역의 가능성 고객에게는 가장 반응이 좋았던 DM만 보냈다. 이 방식으로 그는 톱 세일즈를 달성했고 그 후에 창업해서 똑같은 방법으로 큰 성과를 올렸다.

하지만 시대가 인터넷 위주로 바뀌면서 팩스의 쓰임새가 줄어들고 보험의 매출도 감소했다. 팩스도 통신비, 종이 구매 비용이 들어간다. 게다가 귀찮게 팩스 보내지 말라는 항의도 많아졌다고 한다. 그는 이전의 성공체험을 수평전개시켰다. 팩스 대신에 DM을 직접 발송하기로 했다. 인터넷에서 업종을 선별한 후 거기서 법인의 주소를 추렸다. 그리고 내용이 조금씩 다른 DM을 우편으로 발송했고, 잠재고객의 반응률이 높아지도록 DM의 문장과 카피 라이팅을 궁리했다. 또한 인터넷 메일 발송도 영업 수단의 하나로 추가했다. 그는 비슷한 방법을 수평 전개시켰고 보험 상품뿐 아니라 각종 비용 절감을 위한 서비스 상품도 판매했다. 지금 그는 자사 빌딩을 4채나 보유한 자산가다.

성공체험의 원리를 파악하면
여러 분야에서 결과를 낼 수 있다.

그는 'DM'이라는 자신의 무기를 성공체험의 초석으로 삼았다. 성공체험의 원리만 파악하면 팩스에서 전화, 전화에서 이메일로 수단이 바뀌어도 응용하기 나름에 따라 성과를 올릴 수 있다. 반면에 그는 자신의 성공체험이 통하지 않는 영역에는 결코 기웃거리지 않는다. 그는 DM 영업의 노하우를 전수하는 세미나도 개최하고 있는데 이렇게 말한다.

"영업 멘트는 곧잘 하는데, 글쓰기는 재주가 없다는 사람은 수강해도 거의 성과를 내지 못한다. DM 영업의 핵심은 세일즈 레터의 내용을 얼마나 글로 잘 풀어내는지에 달렸기 때문이다."

구세대뿐 아니라 전혀 무관한 분야까지 기웃거리며 돈벌이가 될 것 같다고 안이하게 결정하는 사람이 적지 않다. 옆 잔디는 늘 더 푸르게 보인다. 미지의 분야에 진출하는 게 위험하다는 뜻이 아니다. 시행착오가 길어지면 성과가 나오기도 전에 포기할 가능성이 더 크기 때문이다.

먼저 한 가지 분야, 영역이라도 좋으니 성공체험을 쌓아서 자신만의 성공 원리를 깨닫는 게 중요하다. 그래야 그 성공 원리가 통용되는 다른 영역으로 수평 전개시킬 수 있다.

자신의 성공 원리를 파악해 자신만의 노하우로 만든다.

4
PART

MZ세대,
무작정 따라하지 않는 셀프 브랜딩

Chapter 26

MZ세대,
직업 없는 리치의 비밀

'사업에서 상대보다 우위에 서고 싶다.' '지금은 작고 보잘 것 없는 사업체이지만 기회를 꼭 붙잡고 싶다.' '경쟁상대가 많지만 그 건을 꼭 따고 싶다.'

그러려면 가끔은 위세를 떨 필요가 있다. 정정당당히 맞서도 될 만큼 세상은 청렴하거나 공평하지 않다.

'위세'를 떠는 것은 구세대, 신세대가 공통으로 가진 특징이다. 다만 그 내용이 약간 다르다. 구세대의 위세는 자기 자랑이나 과시가 대부분이다.

"우리 회사의 규모가 꽤 크거든."

"대규모 회사와 거래하고 있어."

"막대한 돈을 들여서 프로젝트를 추진하고 있지."

자신을 실제 이상으로 과장해 보여주고 싶어 한다.

가령, 한 부동산 회사의 오너는 경영이 어려워졌는데도 벤츠 신형 S 클래스를 법인용으로 구매했다. 그러다가 그는 100억 원 이상의 빌딩 거래를 성사시켰다. 만일 평범한 자동차로 손님을 안내했다면 '이 회사, 괜찮을까'라는 의문을 가질 사람이 많을 것이다. 뭔가 돈이 있어 보이는 회사가 고객에게 일차적으로 안심을 준다. 만일 그렇지 않으면 고객이 등을 돌린다는 걸 알기에 그는 '위세'를 떨었다. 돈이 있다는 것은 사업이 순조롭다는 증거이자, 훌륭한 상품, 훌륭한 서비스를 제공해서 고객이 만족했다는 증거이기도 하다. 실제로 돈이 없어도 돈이 있는 것처럼 보여주면 부자와 마찬가지인 셈. 벤츠 신형 S 클래스는 부자라는 것을 과시하기에 누구나 이해하기 쉬운 아이콘이다.

이에 비해 신세대의 위세 떨기는 자신을 과장해서 포장하기 보다는 상대가 '그게 뭔데?' '자세히 말해봐'라고 여기게 만드는 의외적인 느낌이 강하다. 예전에 어떤 MZ세대 능력자에게 들은 말인데, 그는 최종학력이 중졸이지만 거래 상대가 오히려 그 점에 관심을 보인다고 했다. "중졸이라고 말하면 대기업 담당자는 말할 것도 없고 대개가 내 말을 순순히 경청해줘요. 그래서 영업 멘트로 자주 써먹기도 하지요."

중졸이라는 학력은 결점이라고 치부하기 쉽다. 하지만 고학력의 사람이 볼 때는 그런 학력으로 어떻게 창업했는지 색다른 흥미를 보인다고 한다. 덕분에 그는 문전박대도 당하지 않고 상대와의 대화가 무르익으면서 수주률도 높아졌다고 말한 적이 있다.

일반인은 '의외성'을 좋아한다.

비슷한 사례는 또 있다.

"저는 직업이 없어요."

그렇게 말하면서 "그런데 이만큼 돈을 벌고 있어요."라고 반복해서 강조하면서 사람들을 자신의 세미나 혹은 사업으로 유도하는 지인이 내 주위에도 있다. 사실은 직업이 없는 것도 아니다. 다만 고객은 특별한 직업이 없는데도 돈을 번다는 의외성의 뒤 배경을 알고 싶어서 세미나 등에 돈을 지불한다. 물론 그 방식이 옳은지 그른지는 의견이 갈리겠지만 '의외성'의 연출은 신세대가 자주 사용하는 세일즈 수법이다.(그러니 그들의 상품, 서비스를 구입할 때는 신중하도록) 또한 이런 의외성은 사업뿐 아니라 다양한 상황에서도 효과적이다.

물론 위의 사례는 극단적일 수도 있다. 하지만 자신의 결점을 대놓고 드러내놓으면서도 위세를 떨만한 뭔가를 연출한다는 것은 오히려 주변의 신용을 얻거나 관심을 끄는 데 필요한 처세술이 아닐까싶다.

사업도 연애도 결점을 감추지 않는다. 오히려 과장할 만큼 연출한다.

Chapter 27

MZ세대,
성공체험은 늘 시대에 한발 늦은 것

구세대는 남의 말을 듣는 태도를 중요시한다. 미국인들의 성공법칙도 어쨌든 고개를 끄덕이며 YES, 라고 대답하라는 조언이 빠지지 않을 만큼 남의 말을 듣는 것이 성공의 필수 조건이었다. 반면에 MZ세대 능력자는 기본적으로 남의 말을 듣지 않는다. 한 번 정도 남의 말을 들어줄 수도 있고, 나름 참고야 하겠지만 상대의 말대로 따라주는 경우는 거의 없다. "무슨 말인지 잘 알겠습니다."라고 겉으로야 남의 의견을 듣는 것처럼 보이겠지만 속은 딴 판이다. 누구의 지시도 받지 않고, 모든 것을 자신이 결정한다. 누구한테도 이래서

래 간섭받고 싶지 않다. 벌거벗은 임금님이 될지도 모르지만 그게 어때서.

그들은 자기중심적인 삶의 방식이 좋다고 여긴다.

그렇다면 세상이 돌아가겠어? 주위 사람들의 의견을 듣지 않고 과연 성장할 수 있을까, 라고 느낄지도 모르겠다. 문제가 전혀 없다. 왜냐하면 자기답게 살아갈 용기를 지닌 사람은 생각보다 많지 않기 때문이다. 실제로 큰 성공을 거머쥔 사람은 타인의 의견에 휘둘리지 않는 타입이 많다.

가령, 스페이스X, 테슬라를 창업한 일론 머스크가 좋은 사례다. 그는 사람들이 불가능하다고 말린 것을 자신의 방식대로 돌파했다. 전기 자동차인 테슬라의 새로운 공장을 4개월 이내에 완성하라든지, 우주개발사업을 하는 스페이스 X의 사원들에게 로켓 부품의 비용을 10분의 1로 줄이라든지, 황당무계한 요구를 하는 경우가 많았다. 토요타 자동차 프리우스의 절반되는 연비이면서 포르쉐보다 빠른 자동차, 혹은 세단인데도 미니밴처럼 공간이 넉넉한 자동차를 만들라는, 자동차 업계에서는 결코 양립할 수 없는 것을 무조건 밀어붙였다. 하지만 그 결과 태어난 테슬라의 모델S는 전 세계 전기자동차 회사의 벤치마킹 대상이 되었다. 보기 좋게 성공했기에 그 결과 이노베이션(획기적인 변화)이라는 찬사를 듣지만, 만일 그가 자동차 전문가의 말을 그대로 의심없이 받아들였다면 모델S는 결코 태어나지 않았을 것이다.

성공체험은 늘 시대에 뒤진다.

구세대와 신세대 사이에 이 같은 차이점이 나는 이유는 뭘까. 물론 구세대 중에서도 남의 말을 전혀 듣지 않고 제멋대로인 경영자가 많지만 여기서는 구성상 일부러 비교, 대조를 하고 있다.

그 원인 중 하나는 지금의 시대는 환경 변화가 극심해서 과거의 성공체험이 통하지 않는다는 점과 상관이 있을 것이다. AI, 양자 컴퓨터, 게놈(유전자 정보)은 말할 것도 없고 기술 혁신이 눈이 휘둥그레질 만큼 발전하면서 참신한 아이디어의 상품, 서비스를 세상에 내놓는 벤처 기업이 차례로 등장하고 있다. 과거의 연장선상에서는 도저히 예상할 수 없는 비즈니스 환경의 변화, 구세대가 성공한 시대와 차원이 다른 불투명한 미래의 시대다.

예측 불가능한 시대 환경에서는 남의 조언을 판단의 근거로 삼아도 그 결과는 장담 못 한다.

MZ세대 능력자는 스스로 생각해서 시행착오를 거친다.

남이 이러쿵저러쿵 조언해도 한 귀로 듣고 흘린다. 남이 볼 때는 건방지게 보인다. 하지만 그 건방진 태도야말로 자기 책임감이 강하다는 징표이기도 하다. 반면에 구세대의 성공인에게서 도움을 받으려면 솔직하고 순종적인 편이 유리하다. 연장자는 젊은이의 그런 면을 너그럽게 여겨 도와주고 싶다고 생각하기 때문이다. 하지만 연장자의 조언이 지금 시대에도 막히지 않고 통할까? 주의할 필요가 있다. 그 사람이 이래저래 말했다고 남에게 의존만 하면 스스로 길을 개척할 수가 없다. 자신의 머리로 생각할 것, 자기책임으로 결단하는 게 더 중요하다.

조언에 기대지 말고 자신의 머리로 생각한다.

Chapter 28

MZ세대,

성공 도구1,
안티가 나를 리치하게 한다.

대개의 MZ세대 능력자는 블로그, SNS로 정보를 발신한다. 그러다보니 주위의 반감을 살 때도 있는데 끈질긴 안티도 적지 않다. 이는 MZ세대 능력자가 듣기 좋은 말은 빼고 세상의 잔혹한 진실을 있는 그대로 적시하기 때문이다. 그러니 그게 아니라고 믿고 싶은 사람의 감정을 건드리게 된다.

전형적인 예가 "돈이 있으면 뭐든지 가능하다"라는 과격한 발언이다. 당연히 무슨 소리냐, 사랑과 우정, 재능, 열정은 돈으로도 못 사지 않느냐, 라고 감정이 상해 SNS가 서로의 공방으로 뒤범벅이 된다. 반면에 구세대는 세상의 반감을 사는 발언을 하지 않는다. 그들은 자신을 비롯해 자사의 평판에 꽤 신경쓴다. 그런 발언을 해서 일일이 적을 만들기보다는 아무 말도 하지 않는 게 훨씬 낫다고 여긴다. 누구도 반감을 갖지 않는 즉, 듣기 좋은 발언은 자신에게 창끝이 겨눠지지 않기에 안전하고 안심이 되는 까닭이다.

현실의 혹독함을 말하는 용기

신세대의 과격한 발언은 실은 '우리가 살고 있는 현실'을 대변하고 있는 것이다. 그것을 옳고 그름의 잣대로만 판단하면 세상을 읽을 수 없다.

연수입이 많을수록 결혼 상대로서 인기가 좋다. 엄연한 사실이다. 또한 특출한 재능은 돈으로 살 수 없다지만 돈을 벌고 있다는 자체만으로 특출한 재능의 소유자로 인식된다. 불편하지만 현실이다. 돈이 있으면 경험할 수 있는 것도 더 많이 늘어난다. 더 지혜로워질 수도 있다. 뭔가 문제가 생기면 전문가에게 돈을 지불하고 해결을 맡기면 된다. 시간도 자유로워지고 스트레스가 쌓일 상황을 벗어날 수도 있다. 현실적으로 말하자면 우리가 삶에서 부딪치는 대부분의 문제는 돈으로 해결할 수 있고 돈이 있는 편이 행복할 가능성도 높아진다.

MZ세대 능력자는 그러한 현실에 대해 입장을 분명히 밝힌다. 그래서 현실은 그럴지 몰라도 그렇게 되길 바라지 않는 사람들에게 비난을 산다. MZ세대 능력자에 스토커처럼 끈질긴 안티가 존재하는 까닭이다. 비난을 받던 빈축을 사던 그들은 신경도 쓰지 않고 상대도 하지 않는다. 스토커성 안티는 자신의 의견과 반대되는 주장을 있는 그대로 받아들일 수 없기에 쉽게 감정에 휩쓸릴 뿐이다. 비판이나 비난을 두려워하지 않고 듣기 좋은 말만 늘어놓지 않으며 자신의 생각을 당당히 밝히는 게 중요하다.

누구도 비판하지 않는 견해는 별 가치가 없다. SNS를 뜨겁게 달구는 이유는 좋던 나쁘던 인간의 감정을 흔들어놓는다는 징표이다. 물론 일부러 괴상망측한 의견을 늘어놓을 필요는 없고 잘난 체하며 설교할 필요는 없다. 요점은 사람들의 감정을 흔들어놓는 콘텐츠를 발신하는 것의 출발은 비난을 두려워하지 않고 자신의 생각을 당당하게 드러내는 것이다.

가령, 트위터에서 울게 만든다, 너무 독특하다는 콘텐츠가 리트윗되면서 단번에 팔로우가 늘어나 유명인이 된 사람도 많다. 뻔하지 않는 자신만의 생각과 관점을 통해 사람들의 감정을 건드리는 메시지를 지속적으로 발신하면 기회를 붙잡을 수 있다.

현실의 혹독함에도 그들은 그들의 길을 간다.

MZ세대의 능력자는 혹독한 현실을 깊이 체감하고 있기에 돈에 관한 실용적 관점을 가지고 있다. 하지만 그러한 현실이 자신을 옭죄게 두지는 않는다. 그들은 당장의 편함보다는 자신이 어떠한 지점에서 자신의 열정을 불태울 수 있는지 스스로 성찰한다. 자신이 잘하고, 자신이 하고 싶은 일을 찾는 것에 주저하지 않으며 그것이 자신이 원하는 길이라고 판단되면 누구의 말도 듣지 않고 정열적으로 몰두할 수 있기에 집중력이 발휘되고 오랜 시간 일해도 괴롭거나 지겹지가 않다. 그러니 거기에 걸맞은 능력이 붙으면서 돈을 벌 수 있는 선순환이 생긴다. 그것이 평범한 그들이 MZ세대 능력자로 등극할 수 있는 이유이다. 그들은 모두 자신이 하고 싶은 일을 한다. 그리고 그들의 생각을 두려움 없이 말한다.

SNS에서 사람들의 감정을 흔들 수 있는 진실을 말한다.

Chapter 29

MZ세대,
성공 도구2,
말보다 글쓰기

많은 기업인, 경영인과 알고 지내다보면 업계나 직종에 따라 성공하기 쉬운 성격과 자질이 따로 있는 것처럼 느껴질 때가 있다. 음식업, 이미용, 보험, 부동산 업계의 톱 플레이어는 비교적 외향적이고 성격이 밝은 사람이 많다. 반면에 창작활동, IT분야는 내성적 타입의 능력자가 많다. IT산업의 확장, 인터넷 주변 기술의 진화에 힘입어 수주에서 납품까지 디지털만으로 완결할 수 있는 일이 늘어난 덕분에 프로그래밍뿐 아니라 디자인, 광고처럼 창작활동 분야에서 활약할 수 있는 분위기가 확산되었기 때문이다. 이같은 분야에서는 혼자서 묵묵히 일할 시간이 중요하기에 내성적인 사람이 성공할 확률이 높아진다.

지인 중에도 IT벤처 창업자가 몇 명 있는데 그들도 말수가 적고 다정다감하지도 않다. 내 아내는 화술을 훈련시켜주는 보이스 트레이닝 스쿨을 운영하고 있는데, 상장한 IT기업의 경영자를 지금까지 4명 가르친 적이 있다. 프레젠테이션, 신제품 발표회. 언론의 취재 대응, 주식총회의 연설처럼 사람들 앞에서 말할 기회가 많기 때문이다. 아내의 말에 따르면 모두 말수가 적고, 필요한 경우만 말한다고 한다. 이처럼 신세대 경영자는 20세기에 활약한 외향적 성격의 경영자 이미지와는 많이 다르다.

내성적 성격이라도 성공할 수 있는 요인을 더 꼽자면, 디지털 공간에서 전부 완결될 수 있기에 발이 닳도록 영업을 뛰어서 거래처를 확보하거나 파티나 모임을 뻔질나게 쫓아다니면서 인맥을 넓혀야 할 수고를 최소한으로 줄일 수 있다. 접대한다고 술집에 가거나 골프를 치지 않아도 된다. 그러니 오타쿠, 사회부적응자라도 성공할 수 있다. 사람들과 만나는 게 싫어서 집에서 한 발자국도 떼지 않지만 세계적으로 인정받는 작가, 만화가, 디자이너, 카피라이터, 작곡가,

작사가도 의외로 많다. 3장에서 사례로 언급한 연간 15억 원의 인세를 받는 비즈니스 서적 작가, 연간 300회의 강연을 하는 또 다른 지인도 자신의 일에 관해서는 달변이지만 잡담을 나눌 때는 답답하다는 느낌이 많이 든다. 하지만 앞으로는 그들처럼 내성적 성격의 타입이 활약하는 시대가 올 것이다. 왜냐하면 지금의 비즈니스 환경에서는 예전처럼 매끄러운 대인관계, 유창한 화술처럼 외향적 타입의 특징의 강점은 줄어들고, 내성적 타입의 특징이 오히려 바람직해지는 경우가 늘고 있기 때문이다. 그 특징을 꼽자면 논리성, 문장력일 것이다.

21세기 비즈니스는 텍스트 소통으로 해결된다.

지금은 이메일, SNS를 이용해 글로 표현, 설명, 설득하는 빈도가 늘어나는 추세다. 텍스트 소통이 꽤 중요해지고 있다. 한 나라의 대통령조차 SNS로 정보를 발신하는 시대다.

전화로 말하거나, 직접 대면하는 게 쓸모없다는 뜻은 아니다. 요즈음은 텍스트에 의한 소통이 우세적이고 점점 더 중요한 역할을 하고 있다. 텍스트 소통의 두드러진 특징은 '비논리적이면 금세 들통난다.'는 것이다. 얼굴을 맞대는 소통이라면 논리적이 아니라도 내용이 빈약해도 그저 그렇게 넘

어갈 수 있다. 손짓발짓, 정열적인 태도로 상대를 설득하거나 움직이게 만들 수도 있다. 하지만 글은 그렇게 쉽지 않다. 그렇다면 내성적인 사람이 가진 특징 즉, 말은 서툴지만 내용은 논리적이며 글이 뛰어나다는 점을 보다 잘 발휘할 수 있는 시대라고 말할 수 있다.

MZ세대 능력자에게 흔히 보이는 내성적 특징은 논리적 사고, 글에 의한 탁월한 표현력의 증거다. 그렇기에 자신의 특징을 가꾸고 발전시켜서 외향적 성격의 구세대에 뒤처지지 않을 뿐더러 오히려 능가하는 실력을 발휘하고 있다. 사람들과 만나는 게 불편하거나 말이 서툴다고 성공과는 거리가 멀다고 생각한다면 그야말로 기우가 아닐까싶다.

말은 서툴러도 상관없다. 글에 뛰어나라.

Chapter 30

MZ세대,
성공 도구3,
정보는 비밀이 아니라 공유

MZ세대 능력자는 SNS, 블로그 같은 미디어를 통해 활발하게 정보를 발신한다는 공통점이 있다. 구세대 중에서도 그렇게 하는 사람이 있지만 비율로 따져보면 압도적으로 신세대가 많은데다 적극적이다. 연령적으로 IT환경의 혜택이 다르다는 점은 어쩔 수 없지만 신세대의 공통점은 앞으로 자신만의 방식으로 부자되기를 목표로 삼는 사람들이 참고로 삼아도 좋을 것이다. 왜냐하면 정보의 발신에는 많은 효용이 있기 때문이다.

첫째, 발신하려는 정보에 대한 감도가 좋아진다.

정보를 발신하려면 정보를 수집해야 한다. 발신하겠다는 마음이 있기에 본인의 흥미, 관심이 향하는 안테나가 예민해지면서 무의식적으로 자료를 모으려고 한다. 만일 하고 있는 일로 따진다면 남보다 더 많이 알게 되고, 최신 동향에 정통하며, 변화를 알아차리게 된다.

둘째, 자신의 의견을 의식적으로 알게 된다.

정보를 발신하려면 말이던 글이던 자신의 언어로 바꿀 필요가 있다. 뉴스처럼 사실을 담담히 전하는 정보라면 굳이 자신이 발신할 의미가 없다. 남들의 반응도 '그래서?' '뭐가 어떻다는 거지?'라며 별 관심을 보이지 않는다. 자신만의 언어 즉, 자신의 의견이나 주장을 잘 펼칠 수 있도록 '생각하는' 작업이 필요하다. 이 자체가 가치를 낳는다. 독자적인 주장이야말로 확산되고 리트윗 되기 때문이다. 그로 인해 영향력을 갖게 되면 SNS는 그 사람 자신을 브랜드화 해주는 자신만의 미디어(매체)가 된다.

정보가 많을수록, 그곳으로 돈이 몰린다.

정보는 발신하는 곳으로 모인다는 말이 있다. 발신할수록 그곳으로 정보가 모여든다.

TV방송국, 신문사, 출판사에는 신제품 정보부터 연예인의 가십거리까지 기업, 시청자, 독자로부터 매일 정보가 몰려든다. 그러한 매체들이 정보를 발신하기 때문이다. 개인도 마찬가지. 가령, 블로그에 책이나 화장품의 소감을 적는 사람에게 자사 상품을 광고해주기 바라는 측이 신간 서적이나 화장품 샘플을 보내줄 가능성이 많다. 혹은 이러저러한 사람을 소개시켜주겠다, 이러저러한 이벤트가 있으니 참석해달라, 오프라인 모임을 개최해달라는 요청으로 인맥이나 기회가 찾아올 수도 있다. 서서히 그런 요구가 축적되면 자신의 이름이나 존재가 세상에 알려지면서 이른 바 '브랜드화'가 가능해진다. 그러면 자신의 존재감을 알릴 무대가 점점 높아지면서 남과 차별화를 꾀할 수 있다.

한편 구세대 성공자는 정보를 자신만 간직할 뿐 바깥을 향해 발신하려는 사람이 아주 적다. 익숙하지 않은 이유도 있겠지만 이미 성공을 거머쥐었기 때문이다. 지금까지 쌓아온 인맥만으로 완결할 수 있기에 SNS으로 굳이 정보를 발신할 필요를 못 느낀다. 하지만 앞으로 부를 꿈꾸는 사람이라면 적극적인 정보 발신이 필수적이다.

스스로 정보를 발신하지 않으면 자신의 존재조차 알릴 수가 없다. 본인이 어디에 관심을 갖고 있으며 어떤 꿈과 목적을 지녔는지 어떤 삶의 철학을 고수하는지를 남이 도저히 알 수가 없다.

당신에게 공감하는 사람, 당신과 협업하고 싶은 사람이 있다손 쳐도 상대가 어찌 해 볼 수단이 없다. SNS, 블로그처럼 인터넷 미디어는 개인에게 주어진 최강의 툴이다. 이를 활용하지 않을 이유 따윈 없다.

돈을 벌기 위한 첫 걸음은 SNS로 자신을 발신하는 것.

Chapter 31

MZ세대,
성공 도구4, 인격과 가치는 철저히 분리

성공한 사람의 비결은 뭘까. 많은 사람이 알고 싶어 한다. 그 사람이 쓴 책을 읽거나 세미나에 참가해서 성공한 사람의 사고방식과 행동을 배운다. 하지만 인간은 좋고 나쁨의 감정이 우선하는 동물이다. 왠지 끌리지 않는 사람에게는 배우고 싶은 마음이 사라진다. 실제로 성공한 사람이 눈앞에 있으면 어딘지 사기꾼 냄새가 나느니, 조만간에 망할 것이라고 비난하는 사람이 꼭 있다. 회사의 동료가 먼저 승진하면 하필이면 저 사람이냐, 회사가 인재를 보는 눈이 없다며 험담하는 사람이 꼭 있듯이. 승진한 동료가 혹여 남모르게 노력하지는 않았는지를 알아보거나 따라하려 들지 않는다. 질투, 화, 반발이라는 감정은 인간의 학습능력을 떨어뜨린다. 이 함정에 빠지지 않으려면 '그 사람의 인격'과 '그 사람이 하는 일의 가치'를 분리해서 파악해야만 한다.

인터넷 부자에게서 배울 점

예전에 부자동네인 롯폰기에 살면서 인터넷으로 거대한 부를 일군 젊은 창업자들이 화제가 된 적이 있다. 그들의 발언이나 행위는 기존의 틀을 파괴하는 비상식적인 것들뿐이라서 건방지다, 울화통이 치민다는 비난이 많았다. 특히 구세대의 반감을 굉장히 샀다. 당시에는 뭔가 구리다, 세상모르고 너무 잘난 체한다고 느낀 사람도 많았을 것이다. 그들의 인간성에만 주목하면 화가 나거나 질투심에 사로잡혀 비난하기 바쁘다. 하지만, 안타깝게도 그걸로 끝이다.

왜냐면 그들의 새로운 비즈니스 방식에서 배울 점을 놓쳤기 때문이다. 그들의 방식은 너무 단순하다. 먼저 동영상 같은 무료 특전을 준비해서 고객리스트(메일 주소)를 수집한다. 그리고 그 메일 주소로 상품을 서비스한다. 이게 다다.

실제로 서비스하는 측은 제휴 마케터일 수도 있다. 제휴 마케터는 이메일 서비스, 블로그, 트윗 등으로 특정한 상품이나 서비스를 홍보하고 일정한 수수료를 받는 사람을 말한다. 인터넷 부자들도 제휴 마케터로서 타사의 상품을 판매하기도 한다. 그들은 성향이 비슷한 사람끼리 결속해 동일한 상품을 동일한 기간에 확산시킨다. 즉, 집단적, 집중적으로 시장에 상품을 침투시키고 화제를 불러일으켜 판매를 가속화시킨다. 이른 바 '프로덕트 런치(Product Launch) 전략'이다.

그들의 방식은 마케팅 수단으로 참신한 게 아니다. 무료 특전을 제시하는 대신 고객 리스트를 수집하는 방식은 어느 업계던 마찬가지다. 응모하면 추첨을 통해 경품을 받을 수 있다, 신청만 하면 누구든 샘플을 받을 수 있다는 방식은 삼척동자도 알고 있는 대기업의 판촉 활동과 아무런 차이가 없다. 타사의 상품을 팔고 수수료를 받는 제휴 마케터는 비유하자면 대리점의 역할이다. 가령, 인터넷상에서 보험 상품을 취급하는 사람은 보험회사 대신에 보험 상품을 팔고 수수료를 받는다. 또한 집단적, 집중적으로 상품의 지명도를 단번에 끌어올리는 방식은 캠페인 행사와 마찬가지다. 가령, 전철 한 칸을 자사의 상품 광고로 도배하는 광고 마케팅과 다를 바 없다. 인터넷 부자들은 일반기업이 하고 있는 각종 마케팅 방식을 조합해서 인터넷상에서 전개시켰을 뿐이다.

그들의 이미지, 발언, 인격은 일단 따로 떼놓고 그들이 하고 있는 방식을 하나씩 분석하고 연구하면 자신에게도 응용할 수 있는 힌트를 많이 찾아낼 수 있을 것이다.

싫은 사람이기에 오히려 배울 점이 있다.

Chapter 32

MZ세대,
성공 도구5, 대면보다 SNS

MZ세대 능력자 중에는 명함이 아예 없는 사람이 늘고 있는 추세다. 첫 대면인데도 명함 교환을 하지 않고 간단한 자기소개만으로 끝나는 장면을 심심치 않게 볼 수 있다. 일부러 명함을 교환하지 않고도 즉석에서 SNS로 관계를 맺으면 된다는 발상 때문이다. 명함을 꺼내는 대신 스마트폰으로 서로의 SNS로 초대하고 승낙하면 끝난다. 그러면 종이 명함을 스캔해서 디지털 데이터로 정리할 필요도 없고, 이력을 보면 상대에 관한 정보를 알 수 있기에 공통 화제를 금세 찾을 수도 있다. 물론 일과 개인을 구분하고 싶다면 SNS가 불편할 수도 있고, 우편물을 보내려면 주소를 리스트업해 둘 필요도 있다. 일 때문에 만났는데 만나자마자 SNS로 관계를 맺는데 저항감을 느낄 수도 있다. 나 같은 경우에도 상대의 나이가 훨씬 많거나 기업의 담당자를 만나면 SNS가 아닌 명함을 내민다. 그런데 명함이 없는 MZ세대 능력자는 자잘한 일에 신경쓰지 않는 모양이다. SNS로 연결되지 않는 사람은 함께 일을 할 기회가 적다고 여길뿐 아니라, 필요하다면 상대가 연락을 하겠지, 라고 생각한다. 그래서 명함을 받아도 바로 쓰레기통에 버린다. 반면에 구세대는 명함 교환을 빼놓을 수 없다. SNS가 익숙하지 않는 이유도 있겠지만 명함 교환이라는 물리적 의식을 생략한 채 바로 본론에 들어가면 상대에게 실례라고 간주한다. 많은 대기업에서 신입사원 연수를 통해 사회인의 매너로서 명함 교환의 방법을 배운 사람도 적지 않을 것이다. 지위가 낮은 사람이 먼저 명함을 건넬 것, 상대의 명함보다 낮은 위치로 건넬 것, 두 손으로 정중히 받을 것 등이 있다. 첫 대면의 상황에서 방문자가 겸손하거나 상대를 치켜 올리면 본격적인 상담이 부드럽게 흘러가기 때문이다. 구세대의 입장에서는 상대가 어떤 사람인지 명함에 적힌 회사명, 지위, 직책을 봐야 안심이 든다. 그들은 먼저 명함을 내밀어서 상대로 하여금 똑같이 명함을 꺼내게 만드는 무언의 압박을 준다. 구세대에게 명함 교환은 사회적 매너이자 동시에 그들이 상대의 정보를 알고 안심할 수 있는 의식이기에 좀체 생략하기가 어렵다.

명함 교환이 사라지는 날

합리적 사고방식이 머리에 밴 MZ세대 능력자는 명함 교환 같은 형식을 그리 중요시하지 않는다. 명함에 의존하지 않고 본인의 말을 통해 스스로 보여줄 수 있기 때문이다. 관심이 있다면 상대에게 먼저 연락이 올 것이고, 본인이 관심을 가진 사람과는 SNS로 연결하면 된다.

SNS로 상대의 이력을 알 수 있고, 관심사가 뭔지도 알 수 있다.

만일 신세대의 사고방식이 계속 확산되면 회사원이나 법인 상대의 일을 하는 사람은 별도로 치더라도 명함교환을 통한 자기소개는 시대에 뒤처질 가능성도 있다.

명함교환이 불필요하거나, SNS로 대신하면 성공한다는 뜻은 아니다. 첫 대면에서는 상대의 명함에 적힌 정보를 계기로 가령, 상대의 주소를 보고 예전에 그 근처에 살았는데요, 등으로 대화가 탄력을 받을 수도 있다. 신세대는 명함 관리는 시간 낭비, 명함보다 SNS가 상대를 더 잘 알 수 있다는 생각을 갖고 있다. 여기서 배울 게 있을지도 모른다.

지위, 직책이 아닌 개인을 내세우는 시대가 온다.

5

PART

MZ세대,

자신만의 방식을 찾아가는 인생전략

Chapter 33

MZ세대,
인맥이 아니라 관계의 질

나이가 어린데도 부를 성취했다는 것은 일반적인 사회통념에서 벗어난 비상식적인 발상을 했다는 뜻이다. 비상식적인 발상은 가치관이나 시점이 다르다는 것이다. 시점이 다르면 입에서 나오는 말이나 화제도 달라진다. 상대가 비슷한 입장이 아니라면 당연히 괴리감이 생긴다. 대화가 헛돌거나 멀어질 수밖에 없다. 해외를 단 한 번도 간적이 없는 사람과 해외 비즈니스에 관한 이야기를 아무리 한들 대화가 무르익을 리가 없다. 그러니 나중에라도 서로 볼 일이 없다. 그러니 기업인과 연예인의 관심사는 당연히 다르다. 술자리나 파티에서 연예인이나 모델과 동석하더라도 인맥이라고 부를 사이까지는 진전되지 않는다.

한편 구세대는 유명인 인맥을 가진 사람이 적지 않다. 그들은 폭넓게 사람들을 만나고 뒤를 잘 봐주며 유창한 화술로 유명인과의 관계를 유지한다. 그 이유는 그들과의 관계가 자신의 위치를 말해주는 하나의 상징처럼 여기기 때문이다. 그래서 그들의 생일 파티나 창립OO주년 행사에 가보면 TV에서 낯익은 유명인들의 얼굴을 드물지 않게 볼 수 있다.

반면에 신세대는 유명한 사람인지가 중요한 것이 아니라 내게 필요한 사람인가, 내 성장에 어떤 영향을 끼치는가를 더 중요시 여긴다. 그들은 결국 자신의 비즈니스에 도움이 되거나 자신의 성장에 도움이 되는 사람들과의 관계에 집중한다. 그러니 술자리도 사업이나 투자 관계로 의기투합한 사람과 친목을 도모하기 위해서일 뿐 그 이상도 그 이하도 아니다. 유명인과 인맥이 있다고 꼭 비즈니스에 도움이 되진 않는다. 그러니 같이 식사 한 끼 했다고 주위에 떠들 이유도 없다. 알다시피 우리에게 주어진 시간은 유한하다. 만나도 그만 안 만나도 그만인 사람과 시간을 소비하면 딱 그만큼 정작 소중한 사람과 보낼 시간이 줄어든다. 폭넓은 인맥보다 꼭 필요하고 소중한 사람들과의 관계에 집중한다.

의미도 없는 폭넓은 인맥관리에 과도한 에너지를 쓰지 않는다.

Chapter 34

MZ세대,
자신에게 배워야 자신의 생각이 자란다.

구세대는 멘토 혹은 사제라는 상하관계를 존중하는 경향이 크다. 그 사람처럼 되고 싶다며 특정인을 멘토로 삼아, 그 밑에서 시중을 들거나 제자로 삼아달라고 요청한다. 멘토의 존재감은 미숙한 경험의 고민을 해소시켜주고, 어디로 가야 할지의 방향을 명확히 해준다. 성공한 사람의 사고방식, 행동 방식을 바로 곁에서 체감함으로써 단시간에 성장을 한다는 이점도 있다. 그러니 멘토가 있다면 일정한 효력은 발생한다.

한편 MZ세대 능력자는 특정한 멘토가 없는 경우가 많다.

수십 년 전이라면 몰라도 지금은 새로운 기술, 정보, 수단이 쉬지 않고 창출되면서 순식간에 확산되기에 비즈니스 모델도 급속히 노후화된다. 변화가 극심한 시대에는 특정한 롤모델, 이전의 성공 노하우가 더 이상 통하지 않는다. 내 주위의 성공한 젊은 기업인에게 멘토가 있느냐고 물어보면 없다는 사람이 많다. 멘토 없이 그들은 어디서 성공의 비결을 배울까. 그들은 유익한 정보, 노하우가 있다는 소문을 들으면 직업, 연령을 불문하고 연락을 취해 배움을 청하러 간다고 한다. 배울 수 있다면 사람을 가리지 않는다.

상대의 경력, 사회적 평가, 나아가 인격적인 호불호도 따지지 않는다. 콘텐츠, 노하우의 유익함에만 초점을 맞추기에 세상의 비난을 받는 사람이라도 찾아가서 열심히 배운다. 본인만 배우면 아깝기에 상대를 강사로 초빙해 세미나도 개최한다. 다른 사람이 보면 손해볼 일 같지만 오히려 나중에 돈을 더 번다. 고개가 끄덕여지는 현명한 방법이다.

멘토에 의존하면 생각이 정지된다.

구세대는 멘토를 찾으라고 주장한다. 그러니 성공하려면 멘토가 있는 게 바람직하다는 생각을 하게 된다. 하지만 각종 스터디 모임, 친목회에서 기업인, 경영인, 창업자들과 교류한 경험을 빌자면 멘토를 강조하는 사람일수록 오히려 잘 안 풀리고 있다는 인상을 짙게 받는다. 멘토에 의존하려는 마음이 크기 때문일 것이다. 본디 내 스스로 해보자고 각오하고 자기 책임을 받아들이게 되면 인간의 두뇌는 종합적으로 활발하게 가동하는 법이다. 그런데 그 사람한테 가면 어쩌면 노하우를 가르쳐 줄지도, 아니면 어떡하든 뭔가 해줄지도, 라고 생각하면 수동적 태도를 취하게 된다. 스스로 창의적으로 궁리하기를 관둔다. 즉, 생각이 정지된다.

생각이 정지하면 멘토가 성공한 시대와는 달라도 그게 옳다고 멋대로 생각해 시대에 뒤떨어진 방법론에 매달리게 된다. 자신과는 맞지 않는 방식, 현시점에서 적절하지 못한 발상조차 따라하려 들 위험이 있다. 흉내 잘 내는 원숭이처럼 스스로 생각하지 않고 기계처럼 멘토의 지시만 따라 한다. 그러면 성장은 물 건너간다. 자신이 애써서 시행착오를 거친 노하우가 아니라서 어디 다른 데 응용할 수도 없다.

주위의 어느 누구라도 '멘토'가 될 수 있다

사람은 연령, 성별, 경력에 상관없이 누구라도 특별한 지식, 능력을 갖고 있다. 장기를 예로 들면 평범한 어른이 초등학생 챔피언에게 이길 수가 없다. 대학생 신분으로 창업해 오히려 부모보다 더 많이 버는 사람도 있다. 신입사원은 업무가 미숙할지 몰라도 프로그래밍 실력이 특출하거나 외국어가 능숙한 사람도 있다. 얄미운 상사라도 교섭을 마무리하는 능력이 뛰어나거나, 사람을 꿰뚫어 보는 놀라운 감각을 지닌 사람도 있다.

주위의 누구라도 멘토가 될 가능성이 있다. 그러니 이 분야는 누구, 저 분야는 누구처럼 각각의 장점을 흡수한 후 본인이 스스로 생각해 시행착오를 겪는 방식이 가장 효율적이다.

멘토라고 우러러보고 싶은 사람이 있다면 그건 그것대로 괜찮다. 멘토의 가르침을 자신만의 것으로 소화해 이를 토대로 스스로 새로운 방식을 창출하려는 태도가 가장 중요하다. 이 과정을 반복하면 다른 곳에 활용할 수 있고 재현성이 있는 노하우가 저절로 축적된다. 그 노하우는 완전히 자신만의 오리지널이다. 자신이 '최초의 사람'이 된다. 그래서 성공하면 주위에서 오히려 '멘토!'라며 추켜세우는 존재가 된다.

배움을 청할 존재는 주위의 어디서든 찾을 수 있다.

Chapter 35

MZ세대,
인생 순서는 페라리, 왜건, 그리고 벤츠

성공자들은 누구와 인맥을 형성할지를 나름대로 선택한다. 시간은 영원하지 않기에 원하는 성과를 내려면 자신에 도움이 되는 사람과의 관계를 굳게 다질 필요가 있다.

그렇지만 구세대와 신세대 사이에는 약간 차이점이 보인다.

구세대는 지위, 명예 때문에 대인관계를 맺는 경향이 있다. 가령, 지역의 자치회장을 맡거나 지역행사에 기부해서 자신의 이름을 알린다. 불순한 동기라고 함부로 몰아세울 수는 없다. 그들은 기본적으로 남들을 보살피는 것을 좋아하고 지역에 대한 애착이 강하다. 의리, 인정이 두텁고 과거에 입은 은혜를 잊지 않는다. 은인에게 다소 무리한 요구를 받아도 어떡하든 받아들인다. 그래서 국회의원이나 도의원, 시의원에 출마하려는 사람은 지역의 명사가 많다. 그렇게 신용을 쌓았기 때문이다. 한편 MZ세대 능력자는 그 정도로 주위에 신경 쓰지 않는다. 그들도 자녀가 다니는 학교의 학부형 회장을 맡거나 지역 행사에 참가하지만 명예욕보다는 순수한 공헌, 혹은 호기심에 가깝다. 굳이 이름을 팔려고 하지 않는다. 또한 의리, 인정을 소중히 여기지만 구세대처럼 받은 은혜를 평생 못 잊을 만큼은 아니다. 그 때는 그 때, 지금은 지금이라는 쿨한 감각을 갖고 있다. 그 대신 은혜를 입으면 반드시 갚는다. 이만큼 은혜를 갚았으니 이제 평등한 입장이라고 생각한다. 은인에게 무리한 요구를 받으면 부드럽게 거절한다.

얽매이지 않기에 발상이 자유자재

신세대의 쿨한 감각은 대담한 발상, 행동으로 이어진다. 과거의 대인관계, 거래실적에 얽매이지 않기에 성공을 이루어냈다. 가령, 창업자가 심혈을 기울인 사업이라도 망설이지 않고 규모를 축소하거나 업태 자체를 바꾼다. 부모 세대부터 인연을 맺은 거래처라도 거기에 얽매이지 않고 정말 필요하다면 거래를 끊는다. 도산 직전에 빠진 제법 역사가 오래된 기업이 다시 성장곡선을 그린 사례들을 살펴보면 쿨하게 끊고 맺는 사고방식이 적중한 경우가 적지 않다. 만일 과거의 인연에 얽매였다면 과감한 개혁이 불가능했을 테고 그 기업은 붕괴되거나 소멸되었을지도 모른다. 아니면 그 반대일 수도 있다. 어느 쪽이 절대적으로 옳다, 그르다는 판단의 문제가 아니다. 어쩌면 세대의 차이, 사고방식의 차이일 것이다. 이를테면 자동차를 살 때 보이는 행동양식이 다르다. 구세대는 의리, 인정을 따져 오랜 거래처를 중시한다. 수십 년 동안 똑같은 거래처에서 자동차를 산다. 될수록 똑같은 영업담당자와 거래한다. 그래서 자동차회사도 바뀌지 않는다. 혼다만 계속 몰고 다니고, 토요타만 계속 몬다. 부모 세대부터 줄곧 그래온 사람도 적지 않다. 반면에 신세대는 자동차 회사, 영업담당자와의 관계에 얽매이지 않는다. 독신일 때는 페라리, 람보르기니를 몰다가 아이가 생기면 실내가 넓은 스테이션 왜건으로 바꾸고, 부부만 남게 되면 아우디, 벤츠로 그 때의 상황에 맞춰 타고 싶은 자동차를 선택한다. 당연히 자동차 회사에 얽매이지 않는다. 과거의 대인관계에 집착하지 않는다. 과거야 어떻든 현재와 미래에 필요한 인재를 뽑는다. 이러한 합리적 사고방식이야말로 MZ세대 능력자의 특징일 것이다.

과거의 대인관계에 기울어 현재의 자신을 희생시켜서는 안 된다.

Chapter 36

MZ세대,
부부는 더 좋은 파트너

구세대와 신세대 능력자를 통틀어 알고 지내다보니 구세대 부부에서 부인은 오히려 남편이 돈만 잘 벌어오면 된다는 분위기가 강했다. 구세대 능력자의 부부 관계는 남편은 바깥에서 일하고 아내는 집을 지킨다는 분업이 중심이다. 또한 남편은 일을 집까지 가져오지 않는다는 가치관을 갖고 있다. 그러다보니 나중에는 공통 화제가 없어지면서 부부사이가 시들해진다. 한편 MZ세대 능력자의 부부 관계는 협업관계가 많다. 남편도 부인도 제각기 일을 하면서 필요에 따라 별도의 사업을 전개하게 되면 서로 고객을 모아주거나 다른 방법으로 도와주기도 한다. 부부가 같은 사업을 따로 하는 경우도 있다. 내 지인 중에는 남편이 미용피부과를 운영하고 아내는 화장품을 개발, 판매하는 사업을 하면서, 그 화장품을 남편의 병원에 팔아 상승효과를 올리는 부부도 있다. 또는 부부가 둘 다 기업 연수를 기획하는 사업을 하는데 서로의 고객에게 배우자를 소개시켜준다. 정리 컨설턴트로 유명한 곤도 마리에의 예를 들자면 그녀의 남편은 컨설팅 기업에 근무하다가 아내의 사업이 커지자 퇴직하면서 아내의 매니저를 하고 있다. 현재는 가족이 모두 미국으로 이주했다고 한다. 구세대의 부부라도 아내가 회사의 경리 혹은 총무 업무를 도와주는 경우는 부부사이가 좋은 것 같다. 서로 도와주는 분위기에서는 부부 공통의 화제도 많아지고 서로가 이해심이 깊어진다. 당연히 부부사이에도 영향을 미칠 것이다.

부부사이가 좋다는 말은 상대를 존중하는 태도를 갖고 있기 때문이다. 그 태도는 비즈니스에도 긍정적으로 작용한다. 부부사이가 좋으면 정서적인 측면도 안정되기에 일에 매진할 수 있고 자녀 양육에도 바람직한 영향을 끼친다. 부부사이가 나쁘면 서로 부딪치는 상황이 늘어나고 집에 있어도 편안하지 않다. 물론 하고 있는 일에도 지장을 초래한다.

빨리 결혼하고 천천히 창업한다.

MZ세대 능력자가 비교적 빨리 결혼하는 이유는 내 생각에 결단력이 빠른데다 일에 전념하고 싶다는 바람이 결혼이라는 형태로 나타난 게 아닌가싶다. 결단력은 말 그대로 어떡할까 망설이지 않고 상대가 마음에 들면 이것저것 따지기보다 말 그대로 결혼을 결단한다. 이는 사업에서도 비슷한 결단을 내릴 수 있게 만들어준다. 만일 독신이라면 마음에 드는 상대를 찾아야 하고, 만남이 이루어지면 상대가 호감을 갖도록 문자도 정성껏 보내고 분위기 좋은 레스토랑을 수소문해서 얼마간 데이트를 이어나가는 한편 가끔은 다투거나 홧김에 헤어지기도 한다. 손을 잡거나 입맞춤할 타이밍도 노려야 하고…, 나름대로 시간과 돈과 노력이 필요하다.

그럼에도 헤어지면 다시 제로부터 시작해서 똑같은 과정을 되풀이해야 한다. 결혼하면 그런 과정에 에너지나 시간, 생각을 소모할 이유가 없어진다. 전력으로 일에 전념할 수 있게 된다.

35살이 아닌 25살에 결혼하면 10년치 연애할 시간이 저축된다. 그렇다고 빨리 결혼하면 성공하기 쉽다는 시덥잖은 메시지를 전할 의도는 전혀 없다. 잘 놀면서 성공하는 사람도 있으니까. 하지만 결혼 시기의 차이는 의외로 무시하지 못한다. 만일 결혼한 몸인데 앞으로 부를 성취하고 싶다면 배우자의 활약을 응원하고 함께 협조한다는 자세를 갖는 게 좋다. 일에서도 상승효과를 볼 수 있을 뿐더러 원만한 가정을 꾸리는데 긍정적인 요소로 작용할 수 있다.

부부가 성심껏 협조해서 비즈니스의 상승효과를 노린다.

Chapter 37

MZ세대,
자녀의 개성을 찾아서

구세대 성공자가 선호하는 자녀의 교육 환경은 명문 사립 중고교이다. 자녀를 좋은 집안의 아이들이 다니는 학교에 입학시켜서 높은 수준의 교육을 받게 하고, 사회적 지위가 비슷한 아이들끼리 어울리게 해주는 게 훌륭한 교육이라고 여긴다.

반면 MZ세대 능력자 사이에는 자녀를 대안학교에 보내는 경향이 조금씩 늘어나고 있다. 기존의 학교 틀을 벗어난 자유로운 교육기관이기 때문이다. 아직은 대세가 아니지만 나 자신도 여러 군데 대안학교를 견학했고, 거기의 학부형 모임에서 이야기를 들은 바로는 부모의 참여 의식이 대체적으로 높았고 참신한 교육 방침이 눈에 띄었다. 기업 경영인, 고액 연봉의 직장인, 혹은 유학경험자 같은 부모가 의외로 많았다. 대안학교는 등교거부처럼 문제아가 다닌다는 이미지가 여전히 세지만 아이의 호기심을 이끌어내서 탐구심을 계발해주는 프로그램에 주안점을 두고 운영하는 학교가 지금 주목을 받고 있다. 이러한 학교는 STEAM(Science Technology Engineering Arts Mathematics-과학, 기술, 공학, 예술, 수학을 통한 융합적 인재 양성-옮긴이)교육에 주력을 쏟고 있다. 프로그래밍이나 데이터 사이언스 등 하이테크 분야에 중점을 두는데, 앞으로 AI나 로봇으로 사회를 격변시킬 미래에 대비해 필요한 분야라고 말할 수 있다. 덧붙여서 말하자면 왜 하이테크 분야에 예술이 포함되느냐 하면 '디자인 씽킹'이 비즈니스에도 도입된 것으로 알 수 있듯이 이노베이션(개혁)을 일으키는 원동력의 하나로서 예술이 중요시되기 때문이다.

초등학교 1학년생이 로봇 공학을 배우는 커리큘럼

STEAM 교육은 미국이 가장 앞서있다. 지인에게서 들은 바로는 미국의 대안학교(미국에서는 대안학교도 정규학교로 인정받는 수가 많다)에서는 초등학교 1, 2학년이 로봇 공학을 배운다고 한다. 가령, 각자에게 아이패드와 크롬북(구글 크롬을 기반으로 만들어진 크롬 OS를 채택한 노트북-옮긴이)을 주고 바퀴 달린 로봇을 장애물을 피해 통과시키는 프로그래밍 수업이 있다. 스크래치(Scratch)라는 프로그래밍 언어를 사용하는데, 비주얼화된 드래그 앤드 드롭(Drag-and-drop, 끌어서 놓기)기능이 딸려 있어서 어린이도 프로그래밍의 기본을 배우기 쉽다고 한다. 놀랍게도 이 수업은 '프로젝트'로서 학생 전체가 참여하는 교육이 동시에 진행된다고 한다.

몇 명씩 그룹을 만들어 장애물을 피해 로봇을 조작하는 프로젝트도 있다. 그룹에 속한 아이들 모두에게는 각자의 역할이 주어진다. 아이들은 To Do List에 수행할 프로젝트를 자세히 쓴다. 그리고 프로젝트 마감 날짜와 담당자 이름을 함께 써서 진행과정을 알 수 있게 한다. 교사는 보조 역할에 그친다. 때로는 아이들이 스스로 생각할 수 있게 조언을 해주지만 아이들은 자발적으로 서로 대화를 나누어가며 프로젝트를 진행한다. 아마 일본의 공립 초등학교 1학년짜리에게 그토록 실천적이고 팀워크를 향상시키는 어른 뺨치는 프로젝트 매니지먼트를 가르치는 학교는 없을 것이다.

또한 영어 수업은 초등학교 3학년인데 고등학교 3학년 수준의 책을 읽게 한다. 교사가 과제도서를 지시하는 게 아니라 본인이 스스로 택한다고 한다. 독서 후에는 그 책의 내용을 소개하는 게임을 만들어 모두에게 발표한다. 다른 아이들이 이해할 수 있는데다 재미있다고 여기게끔 하는 것은 상당한 사고력, 창조력이 필요한 작업이다. 또한 성적을 매기지 않음으로써 다른 아이들과 비교되지 않는 시스템을 운영한다. 아이에 대한 평가는 본인의 성장 여부로 판단한다고 한다. 다른 아이들과 비교하지 않고도 과거의 내가 지금은 얼마나 성장했는지를 평가받기에 '나는 다른 사람과 달라도 좋다'라는 관용과 '적절한 자기긍정감'을 배울 수 있다는 장점이 있다.

대학입시만 목표로 하는 공교육의 위기

선진적인 대안 학교는 철저한 프로젝트, 행동, 상호 대화라는 기반 위에서 운영된다. 그래서 개인의 호기심, 주관, 체험, 사고력을 꼼꼼하게 이끌어내는 교육 프로그램을 실시한다.

일본에서 이러한 교육 프로그램을 실시하는 학교는 정부에서 정식 학교로 인정받지 못하는 경우가 많다. 대학 진학에 불리해지니까 좀체 널리 확산되지 않는다. 하지만 AI나 로봇이 대중화되면 어떤 새로운 직업이 생길지, 혹은 어떤 직업이 사라질지, 어떤 일이 돈벌이가 될지는 아무도 모른다. 그러한 미래를 생각하면 십자군 전쟁이 언제 시작되었는지 따위를 암기할 때가 아니라는 위기감을 한 번쯤은 느껴보았을 것이다. MZ세대 능력자도 대학입시만 따지는 일본의 공교육(사립학교도 포함)에 대한 심각한 위기감을 느끼고 있다. 그래서 그들은 앞서 말한대로 종래와는 다른 색다른 교육에 주목하고 있는 것이다.

교육은 정부, 학교에만 맡기지 말고 자녀의 개성을 키워준다.

Chapter 38

MZ세대,
자녀에게 나침반을 주는 방법

구세대는 자녀에게 엄격한 측면이 있다. 가부장제의 가치관이 우세했던 시대에서 성장했기 때문일 것이다. 물론 앞서 말했듯이 일에만 빠져서 가정을 등한시하는 사람도 적지 않다. 한편 MZ세대 능력자의 가정은 대체적으로 자유로운 분위기다. 그들은 자녀가 좋아하는 일을 하게 해주고 미래를 스스로 선택하도록 도와준다. 공부 열심히 해라, 그 대학에 꼭 가라는 말을 하지 않는다. 열심히 공부해서 명문대학에 들어가거나, 대기업에 취직하거나, 혹은 자신의 사업을 계승하라고 삶의 방식을 일방적으로 강요하지 않는다. 그들은 자신의 힘으로 살아갈 수 있는 사람이 되는 것을 중시한다. 그래서 자녀의 자기긍정감을 키워주는 게 무엇보다 우선이다.

본디 부모란 자녀가 사회에 진출해서 미지의 상황에 직면했을 때, 자력으로 해결하는 모습을 보고 싶어 하는 존재다. 그때 필요한 것은 본인이 배운 지식과 기술을 총동원해서 통합, 응용해 그때까지 써보지 않은 방법을 창출함으로써 문제를 해결하는 능력이다. '그때까지 써보지 않은 방법'을 언급한 이유는 자녀가 성인이 될 무렵에는 세상이 어떻게 변할지 어떤 기술과 지식을 요구할지 누구도 모르기 때문이다. 하지만 그런 상황에서도 문제를 해결하고 가치를 창조할 수 있는 지적기반이 있으면 어떤 시대 환경이 온다 해도 강인하게 대처할 수 있을 것이다. 창조적이고 개혁적인 능력을 갖추려면 한 분야에 대해 문과, 이과에 관계없이 분야 횡단적인 접근방식이 필요하다. 본디 사람은 자유로운 환경 속에서 자신이 잘 할 수 있고, 보람을 느끼는 것을 찾아 성취감을 느끼면서 성장하는 법이다. 창조적이고 지적인 활동은 타인의 평가가 개입되지 않아야(타인의 시선을 신경 쓰지 않고도) 집중해서 발휘할 수 있다. 이는 타인으로부터의 강제나 강요가 아닌 본인이 열정을 갖고 몰두할 수 있는 것을 발견했을 때라야 가능하다.

'자유'가 자녀를 성장시킨다.

누군가에게 강요당하면 아이는 필요최소한의 일밖에 안 한다. 부모가 좋아하는 것, 교사에게 야단맞지 않는 것 자체가 목적이 된다. 지시만 바라는 인간이 되거나 타인의 평가를 과도하게 신경쓸 수도 있다. 그래서 MZ세대 능력자는 자녀에게 입시학원에 다니라고 강요하지 않고 자유롭게 공부할 수 있는 환경을 만들어준다. 그렇게 자란 자녀는 부모가 아무 말 안 해도 스스로 공부하기에 명문 중 고교 진학률이 높다. 부모의 논리적 사고방식, 배움의 방식에 대한 열린 가치관이 평상시에 대화를 통해 충분히 전해지기 때문이다.

내 지인 중에 기업인 부부가 있는데, 그들에게는 외동딸이 있다. 초등학교 6학년 때 갑자기 그 아이가 이렇게 말했다고 한다.

"어른이 되면 우주에 관련된 일을 하고 싶으니 00중학교에 보내주세요. 전교생이 기숙사 생활을 하는데 학비는 이만저만하게 들지만 꼭 보내주세요."

겨우 12살짜리 여자아이임에도.

그들은 딸에게 열심히 공부해라, 어느 학교에 가라는 말을 일절 하지 않았다. 그런데도 여자아이는 스스로 미래의 목표를 정해서 지름길이 될만한 학교를 알아보고, 학비까지 물어봐서 부모에게 제안했다. 그 후로도 자발적으로 공부해서 원하는 학교에 합격했다고 한다.

자녀에게 억지로 가르치는 것이 아니라, 스스로 배우는 환경을 만들어주면 된다.

마치며

'돈'과 '자유'를 양립할 수 있는 시대

변화와 불안의 시대이다. 어느 시대이건 통하는 보편적 법칙이 있는 반면 시대적 환경의 영향을 받아 변하는 법칙도 있다. 이는 성공이라는 개념에 대해서도 마찬가지다. 가령, 돈 많이 벌기가 성공의 중요한 구성요소라는 것은 어느 시대이건 쉽게 변하지 않을 것이다. 지구 전체가 하나로 연결되는 시대, 우버나 에어비앤비 같은 공유 경제(Sharing economy)가 출현함으로써 화폐경제는 축소된다는 전망도 있지만 적어도 지금 시대에서 우리가 살고 있는 한 돈은 강력한 무기로 계속 남아 있을 것이다.

반면에 변하는 법칙도 있다. 예전에는 아침부터 심야까지 악착같이 일하고, 회사를 상장해 더욱 큰 규모로 만드는 게 성공 요소 중 하나였다. 하지만 지금은 무턱대고 열심히 노력하는 게 아닌, 본인이 흥미를 느끼기에 열정적이 되고 몰두하게 되는 일의 방식이 주류가 되면서 굳이 상장하지 않고도 회사를 매각해서 그 돈으로 다른 사업을 하는 경우도 늘고 있다. 이 책은 그러한 변화의 요소에 초점을 맞춰 '부를 이루는 가치관, 행동양식의 차이점'을 '구세대 vs MZ세대'라는 구도의 형식으로 소개했다. 약간 작위적인 부분도 있을 것이다. 하지만 앞으로의 시대에 필요한 법칙의 하나라고 이해해주었으면 한다.

'이렇게 하면 성공한다, 그것을 관두면 성공한다.' 따위의 단순한 것을 말할 의도는 전혀 없다. 그들의 행동은 그들의 사고방식에서 비롯된 결과에 불과하다. 결과만 흉내낸들 의미는 없다. 부유층이 장지갑을 갖고 있다고 한들 장지갑을 산다고 갑자기 부자가 될 수는 없다.

결과를 낸 것은 어디까지나 그들의 사고방식 덕분이다. 이 책에서 언급한 상황뿐 아니라 일이나 일상생활의 모든 면에서 자신만의 사고방식을 전개하는 게 제일 중요하다.

그리고 희망을 가져야 한다. 왜냐면 돈과 자유를 양립할 수 있는 최고의 시대를 맞이했기 때문이다. 인터넷이 없는 시대에는 오타쿠처럼 비사회적인 사람이 성공할 가능성은 극히 희박했다. 하지만 블로그, SNS로 자신이 직접 정보를 발신할 수 있는 시대가 되었고 다양한 삶의 방식, 가치관을 양립할 수 있게 되면서 새로운 경제적 가치를 낳고 있다. 인기 유튜버의 동영상을 보고 시시하게 여길지 몰라도 세상에는 그것을 재미있다고 생각하는 사람이 분명히 있다. 인터넷은 그런 사람들을 연결해주는 역할을 한다. 극단적으로 100명 중 99명이 싫어해도 1명이 미친 듯이 좋아한다면? 세계 인구를 70억으로 잡으면 1%는 7천만 명.

숫자놀음일수도 있지만 1명 당 1천 원만 받아도 700억 원의 돈이 들어온다. 게다가 동영상 촬영과 편집, 공개도 모두 주머니 안에 들어 있는 한 대의 스마트폰이면 해결된다.

그렇다. 누구에게도 기회의 문은 열려 있다.

여러분이라면 어떻게 할 것인가?